U0821712

鲍勃·埃瑟林顿
商业技能经典系列

销售技巧 ①

SELLING SKILLS FOR COMPLETE AMATEURS

业余销售人员的自我进阶

[英]鲍勃·埃瑟林顿（Bob Etherington） 著
张松洁 译

中信出版集团 | 北京

图书在版编目（CIP）数据

销售技巧．①，业余销售人员的自我进阶 /（英）鲍勃・埃瑟林顿著；张松洁译．-- 北京：中信出版社，2019.9

（鲍勃・埃瑟林顿商业技能经典系列）

书名原文：Selling Skills for Complete Amateurs

ISBN 978-7-5217-0873-8

Ⅰ．①销… Ⅱ．①鲍… ②张… Ⅲ．①销售－商业心理学 Ⅳ．① F713.55

中国版本图书馆 CIP 数据核字（2019）第 169246 号

Selling Skills for Complete Amateurs by Bob Etherington.

Copyright © 2008 Bob Etherington.

This edition published by arrangement with Marshall Cavendish International (Asia) in 2018.

No part of this publication may be reproduced or transmitted in any form or by any means, or stored in any retrieval system of any nature without the prior written permission of Marshall Cavendish International (Asia) Pte Ltd.

Simplified Chinese translation copyright © 2019 by CITIC Press Corporation

ALL RIGHTS RESERVED

本书仅限中国大陆地区发行销售

销售技巧①——业余销售人员的自我进阶

（鲍勃・埃瑟林顿商业技能经典系列）

著　　者：［英］鲍勃・埃瑟林顿

译　　者：张松洁

出版发行：中信出版集团股份有限公司

（北京市朝阳区惠新东街甲 4 号富盛大厦 2 座　邮编　100029）

承 印 者：北京通州皇家印刷厂

开　　本：880mm×1230mm　1/32　　印　　张：6.25　　字　　数：95 千字

版　　次：2019 年 9 月第 1 版　　印　　次：2019 年 9 月第 1 次印刷

京权图字：01-2018-9018　　广告经营许可证：京朝工商广字第 8087 号

书　　号：ISBN 978-7-5217-0873-8

定　　价：40.00 元

版权所有・侵权必究

如有印刷、装订问题，本公司负责调换。

服务热线：400-600-8099

投稿邮箱：author@citicpub.com

目　录

前　言

“这是整个演艺界最难做到的一件事。你只有 24 秒来介绍自己，介绍产品，为产品说好话，然后优雅地下台。”说这句话的人是一个叫迪克·威尔逊（Dick Wilson）的美国演员，而不是某个销售人员。不过，鉴于演艺行业工作的不确定性，他后来开始做销售，并因为在电视购物节目中极为成功地推销卫生纸品牌恰敏（Charmin）而在全美声名大噪。

迪克于 2007 年 11 月在 91 岁高龄时去世，他晚年一直在为恰敏牌卫生纸代言，并赚得盆满钵满。这并非因为卫生纸是世界上最酷炫的产品，而是因为它有数百万美元的市场；也并非因为这是迪克梦想的施展其才华的方式，而是因为销售是世界上最必不可少的活动之一。你手里的这本小书将向毫无销售经验的人（比如你）展示，如何在每次有需要的时候都能出色地进行销售（就像迪克那样）。

我知道，你可能并不想把职业生涯的每一天都用在卖什么东西上。这没什么……很正常。这就是你在目前的公司从事你现在的工作，而把销售任务留给那些经过训练的销售人员的原因所在。

但商业的基本事实是，除非有人卖出了东西，否则商业组织就是无所作为的。而且，在完成销售之前，你的公司并不需要你每天都能卖出东西。销售并不需要会计、工程师、地质学家、医生、技术人员、项目管理员、交易员、经销商、演员、市场营销人员、艺术家、设计师、COO（首席运营官）、CEO（首席执行官）、MD（总经理）、CIO（首席信息官）、CTO（首席技术官）或主席等，其实也不需要其他任何人。因为，只有一件事能说明你的业务是可行的，那就是你对以下这个问题的回答。

你有客户吗

有了客户，你就可以在真正提供一件产品或一项服务之前的很长时间把它预售出去。（我这么说是因为我曾经……成功地预售了很多次。）比这糟得多的情况（而且往往司空见惯）就是把大笔的钱花在办公室、办公用纸、电脑、各种所谓的“产品”和其他办公设备上，结果发现你根本卖不出去东西。一个不容置疑的现实情况就是，世界上的大多数市场中都充斥着大量的“产品”。事实上，全世界并不缺乏“产品”。

而全世界都缺乏的是懂得如何做销售的人。在缺乏销售人员的大环境下，更为匮乏的是中高级管理人员、技术和支持人员以及其他管理人员，他们要花费精力去发现商品或服务的哪些特性有说服力，而哪些没有。当这些非销售出身的管理者［业余销售人员（Amateur Seller）］出现在客户面前时，他们会让专业销售人员备感无奈。

这就是为什么你作为一个“资深人士”，会发现本书是一个天赐良机：你会知道“如何销售”，而你的其他管理层同事则不知道；你会大受销售团队欢迎并被邀请参加客户会议，而他们则不会。

本书会让你具备洞察力、说服力和销售知识

虽然说知识就是力量，但大多数经理人和高级管理者在“销售”方面的确近乎无知。结果，这些人每天在夸夸其谈中让自己和公司错失了绝佳的销售机会，仅是因为他们不知道应该怎么做。确实，“销售技巧”会被视为有点儿上不得台面的东西，甚至有操纵别人之嫌。就在几周前，一家刚刚研发出一种新型电子 X 光“芯片”的创业公司里的一名工程师就是这么跟我说的。之后不久，我观摩了他对一屋子客户演示产品的过程。

他的“销售演说”是关于共价键、“拉德”、电磁敏感度、微电压和毫安的。半个小时后，这些来自欧洲各地的潜在客户明显困惑起来，频频摇头。“我不明白，”一个人说，“我就想知道，这个到底是什么？对我而言有什么用处？”

于是那个工程师开始运用他的技术知识来“打动”客户。他把他所有的“技术”内容都堆砌在他的 PPT 里。最后，作为听众，我们明白了这个产品是一种精巧的 X 光芯片。但让我们茫然的是这个芯片有什么用，它能为我们解决什么问题。

答案其实非常简单，而且这种芯片极其有用。这种芯片的好处在于，它只需要用任何常规 X 光检查 1/500 的辐射功率就能使 X 光图像成像，因此在工业和医学上的应用前景非常广阔。但是让那位工程师对我解释清楚这一点，占用了我好长时间。

如果使用这种芯片，在工业上，手机制造商每小时在每条生产线上就可以检测 1 000 台手机的电路故障，而在当前的技术条件下每小时只能检测 100 台。在医疗领域，医院的放射科医生每天可以利用这种芯片检查更多的患者，而且没有遭受辐射的危险。

可是，这些在前面那次演示中都没有被提到。那位工程师把这些好处都留待听众自己去“发现”，但他们谁都没能发现这项技术背后的广阔市场。那天，几百万美元的生意就这样从那家公司门口溜走了。

而这一幕每天都在全世界的企业中上演。

客户并不傻，但他们的大脑通常很懒惰。

尽快唤醒潜在客户的大脑，正是专业销售人员（以及经过重新培训的业余销售人员）的责任，尤其要赶在有人（比如我）插手你的业务并从你手里抢走生意之前。

快速启动招贴画

为了让你迅速进入状态，我在下面为你提供了一张小招贴画（见图 0–1）。如果你愿意，那么你可以把下页撕下来（在你购买了本书以后），钉在你面前的墙上。关于商业说服技巧和销售，你需要了解的都涵盖在招贴画上的那段文字里了。

理解了这个概念，你就大功告成了。不仅如此，你的销售人员还会把你看作某种“销售大神”。

还有什么事比这更好的呢?

我期待听到你成功的消息。

图 0-1　招贴画：说服技巧与销售

第一章

当时是谁把这个卖给你的？

怎么回事，本（Ben）？……你怎么做到的？

——阿瑟·米勒（Arthur Miller）创作的戏剧《推销员之死》（*Death of a Salesman*）中那个可悲的主人公威利·洛曼（Willy Loman）对他那位成功的兄弟本说的话

1974 年，喜剧演员约翰·克利斯（John Cleese）出演了一部精彩的公司培训视频，标题为“当时是谁把这个卖给你的”。这是他的视频艺术有限公司（Video Arts Ltd.）发布的一系列培训视频之一。这个视频的培训目的是，让维修工程师以及类似的支持性人员意识到，产品和服务一旦被销售出去并安装后，“让人不再买它”是多么容易的一件事。

视频中有令人难忘的一幕：克利斯（扮演一位维修工程师）为一位客户修理机器。他检测了几分钟机器，然后就给出了他的结论：“你知道什么地方坏了！你用过这个机器，对不对？！”

这一幕让我们发笑，是因为我们在现实生活中都听过相同的或类似的话。喜剧演员彼得·塞勒斯（Peter Sellers）曾在《粉红豹》（*Pink Panther*）中扮演无能的法国糊涂大侦探克劳索（French Detective Inspector Clouseau），他说让克劳索显得可笑的就是这个所谓的侦探总一本正经地干傻事。

现实生活中的问题（同时也是本书的重点）在于，现实中的销售常常被一片好心的非销售——而且往往是资深的——管理者搞砸，因为他们对客户（一本正经地）说了不该说的话，并（一本正经地）做了不该做的事，而且全都是在销售真正达成之前！

对……问题就是……可怕的事实就是……我敢说出来吗？……这么说吧：这些人（包括你们？）显然很擅长他们的日常工作，但他们就是不懂怎么销售！这不是开玩笑。

别在这儿提“销售”

我曾长期从事国际销售，从20世纪70年代就开始做销售了。如今我经营着一家国际销售培训公司，主要为专业销售人员提供指导。但常常有人要求我为非常成功的非销售人员［CEO、MD、COO、CIO、CFO（首席财务官）、CTO，以及软件设计师、工程师、地质学家、医生、牙医、会计等］提供“几点建议”，让他们掌握既有效又有说服力的销售技巧，因为这些人将要会见他们所在行业的潜在客户、顾客或病人。有时他们甚至没提到“销售”这个词；在不少情况下，哪怕暗示“销售”也是“绝对不行”的。他们更乐意把这称为“知情同意”、“商业说服力”或“商务拓展”。（天哪……天哪……天哪！）

有时这些管理者会与他们的专业销售人员一起见客户，有时他们会单独见客户，不过他们都想要做好销售这件事。他们是明智的，是少数意识到这个问题并寻求这方面帮助的人。

然而大多数人都认为他们知道该怎么做……不会吧！

他们忽视和客户见面前的情况说明会。（“鲍勃，下周我在伦敦/纽约/香港/开普敦的时候想见几个客户……你来安排一下！”）他们到了客户公司的大堂才跟你见面。（“鲍勃，早上好……那咱们开始吧！……咱们上电梯时你给我讲讲背景信息。”）他们根本没意识到自己即将踏入什么样的雷区。

以下是在随后的客户会议中，我听到的这些“资深人士”无意中说出的十句让销售失败的话。

- 那么今天我们再给你提供多少经济激励，你才能做决定呢？
- 对这笔生意，我们的报价已经很大方了。
- 你当然会提到我们的竞争对手之一顶点产品（Acme Products）公司，而实际上它们的产品质量很差。
- 你必须得了解目前我们和自己员工之间的问题。
- 如果我能坦诚相告的话……
- 实际上，我们的产品（或服务）并不是很贵。
- 首先，我觉得你应该了解一些我们公司的历史（10 分钟“废话”）……这就是我们取得今天的成功的路径。
- 如果可以的话，我们一会儿再谈你提到的问题。但是，首先我想让鲍勃给你看一个 PPT，是关于我们公司的所有业务的。
- 这个提议很有意思。不过还是让我来告诉你我们今天早上来见你时路上想到了什么吧。

- 对。请你稍停一下。我想我知道你要说什么，所以让我来告诉你我们如何解决你遇到的这类问题吧。

这儿只有十句话。这些甚至都不是最常用的十句话……只是因为很容易被想到，所以它们才常被人们挂在嘴边。

如果你打算说这些话或者对公司客户脱口而出这些话（或类似的话），那么你就会把这次销售失败的概率提高大约 80%。

下面我们就对这些常被业余销售人员挂在嘴边的话可能造成的后果做一番分析。

销售杀手的“大实话”

那么今天我们再给你提供多少经济激励，你才能做决定呢？你的产品价格往往不是客户买或不买你的产品的主要原因。在销售过程中，80% 的价格问题都是销售人员“说得太多”造成的。正如有句老话所说：“光靠说可卖不出去。”

对这笔生意，我们的报价已经很大方了。这句话一向是商业中的“刺激物”，就是那种好心好意的非销售人员总爱说的高危语句。其“本意”是让客户感觉他们好像得到了“特殊”待遇。（潜台词是“我们是个客户至上的企业”。）但是（天哪！）在现实中，这句话实际上正好起了反作用：让你的客户感觉你（销售者）在暗示他们并非同样“大方”、“公平”或“合理”。

你当然会提到我们的竞争对手之一顶点产品公司，而实际上它们的产品质量很差。千万别“诋毁”对手。要是你的客户已经在使用那种产品或服务，你这样说首先就是在质疑用户购买不当。要是有人记下你说过的坏话，那么这些话总是会传到另一家公司的。无论你是谁，都不能幸免。正如美国总统亚伯拉罕·林肯（Abraham Lincoln）说过的：“不是我不能保守秘密，而是那些我让其保守秘密的人做不到这一点。”

你必须得了解目前我们和自己员工之间的问题。为什么？……他们为什么得了解这些？无论客户对你说什么，他们实际上只对他们自己和他们的问题感兴趣。他们对你的问题兴趣不大或根本不感兴趣。你这个“卖家”只在一个方面有价值：解决一个问题的能力。如果你不能把这点说清楚——无论是什么原因，那么你的价值都趋向于零。

如果我能坦诚相告的话……这句流行语立即就向你的客户暗示，在潜意识深处，你在此次谈话中至今都没有做到坦诚相待。接下来，你可能还会脱口而出，说你到现在都是靠运气。就像我的爱尔兰老岳父说过的：“你永远不能相信一个骗子！”

实际上，我们的产品（或服务）并不是很贵。可你的客户认为它们贵，而且商业原则 1（客户永远正确）和原则 2（当客户错了时……参见原则 1）决定了你不能这样说。你去那儿不是为了证明自己的正确，你是为了拿到生意。谁对谁错并不重要！唯一重要的就是，客户认为什么是对的。

首先，我觉得你应该了解一些我们公司的历史（10 分钟“废话”）……这就是我们取得今天的成功的路径。已经 21 世纪了，没人在乎你们公司的根基、公司的历史、公司的创始人或者公司是什么时候“成立的”。对 99% 的客户来说，这一点儿意思都没有。而且另外那 1% 的人中真正对此感兴趣的可能性也只有 1%（我打赌这个客户不在那 1% 里）。世界上最没有说服力的词就是“我”和“我们”了，而最有说服力的词是“你”……而且你唯一感兴趣的（这里的你就是客户）就是我（卖家）今天、明天和以后能为你做什么。

如果可以的话，我们一会儿再谈你提到的问题。但是，首先我想让鲍勃给你看一个 PPT，是关于我们公司的所有业务的。把电脑放家里吧……把电脑放家里！陈词滥调的 PPT 演示就是销售杀手。这就叫“夺命 PPT”，立竿见影的销售破坏王。问问任何一个客户，他们大都会认为这是那些差劲的销售人员的手段。如果你不了解客户想要买什么，你就无法开始销售，而你现在不知道……关于你公司的所有其他的事都是无关紧要的。

这个提议很有意思，不过还是让我来告诉你我们今天早上来见你时路上想到了什么吧。人的天性之一就是，要是别人（这可是你的客户！）刚刚提出了一个建议，他们就最不容易接受你的任何建议。要是你对客户的任何主意（不管多么愚蠢）的反应是爱答不理或不加考虑、不加讨论，却马上提出你自己的另一个建议，你就像是在说："好，好，好……够了！我这个才是真正聪明的主意。"不管你喜不喜欢，你的客户都更欣赏他们自己的主意，就像你更欣赏你自己的主意一样。

对。请你稍停一下。我想我知道你要说什么，所以让我来告诉你我们如何解决你遇到的这类问题吧。其实，你并不知道。你根本不知道他们要说什么！我曾经有一段时间总是习惯性地打断客户，错误地以为客户打算吐槽我的产品价格、产品的"易用性"、产品的重量和产品的"适用性"。每次我这样打断客户的话，都在回答一个本来就没有被提出来的问题，并因此在客户心目中引起了一个不必要的大问号。很多人都容易养成这个坏习惯。很多刚入行的销售员都不是在听客户说什么，而只是等着轮到自己说话！

光靠说可卖不出去

现在问你一个问题：如果你正在给某人讲某件很有趣的事（至少你是这么认为的），那么过多久（通常来说）这个正常的人会犯困、睡着或者开始想别的事呢？是15分钟、10分钟、5分钟、

3 分钟、1 分钟还是 30 秒？

那些人可能会点头、微笑、看着你、说“嗯……嗯”，但是通常在哪个“时间点”这位目标人士（往往就是你的客户）会跟不上你正说的话呢？花点时间想想吧……

那么你的答案是什么？……3 分钟？……1 分钟？要是你的答案是 30 秒，那么对绝大多数正常的听者来说，你可能已经相当接近真相了！人们可能偶尔会因为你的话回过神来，但马上就又会走神。

人类的大脑很快就会感到无聊……非常快。如果你要求某人只对一个想法或一个目标尽可能长时间地集中注意力，那么他们通常会发现很难做到。现在你自己就来试试做这件事（这是学习冥想的人要做的一个相当标准的入门练习）：到你的厨房里拿一个鸡蛋放在你面前的桌子上，用一小堆盐固定鸡蛋，让它不会滚动。

还要准备一个带秒针的手表或时钟。

找把椅子坐在鸡蛋面前。现在，确保接下来的 10 分钟不会有人打扰你。开始计时。盯着你的鸡蛋——脑子里不要想其他任何事，只观察鸡蛋的形状、鸡蛋的颜色、鸡蛋的质地及鸡蛋的大小，不要让其他任何想法进入你的脑海，只想着鸡蛋。

将注意力集中在鸡蛋上。一旦有任何鸡蛋以外的想法（一杯咖啡、洗衣服、性、你坐的椅子太硬、要努力想着鸡蛋的想法等）进入你的脑海，就停止计时。看看表上的秒针，从你开始计时到现在过了多长时间？如果你坚持了好几秒，我会非常惊讶的，要是达到了 30 秒，你就很幸运了！

把有关你的产品的一切都告诉别人是一种很糟糕的说服人的方法，因为（正如你看到的）我们大多数人集中注意力的时间都不会很长。所以大多数人（你的客户）在开始考虑如何回复你之前，只会听见你说的头三四句话！很可怕是不是？他们就是不会听你说话。那你能怎么办呢？其实答案是“有很多事可以做”，而且并没那么难。

首先，你要记住，太阳底下没有新鲜事*，所以听从 17 世纪著名科学家艾萨克·牛顿（Isaac Newton）（其成就包括提出了万有引力定律）以及他的《自然哲学的数学原理》（*Philosophiae Naturalis Principia Mathematica*）（1687）的忠告吧。在这本著作中，牛顿的第三运动定律简洁地说明了：“每种运动都会有一个同等且相反的运动。”

同等且相反的运动

我在奶牛场工作的内弟说过：“奶牛不会自己出奶。你必须把

* 原文为 there is little new under the sun，出自圣经 there is nothing new under the sun，意思是同样的模式会反复出现。——译者注

奶挤出来。”这句话对销售也很适用：世界上没有客户会主动把生意给你。你（卖家）必须去自己争取，但这不是全凭直觉来做的。大多数业余销售人员自然地倾向于从精心准备的“比稿”（pitch）竞争中赢得生意，但传统的“销售比稿”往往没用。客户感受到的压力越大，就越会把压力转嫁回来，以实现平衡。要是客户用笑来缓解他感受到的压力，并且说你是“一个优秀的销售员”，你就该担心了！正如牛顿300年前告诉我们的，这时他的脑子里正在运转的就是同等且相反的运动机制，在这种情况下，结果就是客户将把你拒于门外。

> 苏格拉底（Socrates）是一个云游四方给人们提建议的人……所以人们把他杀了。
>
> ——出自一个11岁孩子写的关于世界史的文章

就像“挤牛奶”是一项需要精准动作的工作一样，销售也是。即便你做得不好，客户（不像奶牛）也不会踢你。但你仍然要面对现实，你越施压……客户就越会把压力反推回来，而你将什么也得不到。

为什么会这样

美国总统哈利·S. 杜鲁门（Harry S. Truman）多年前就说过："给孩子忠告的最好方式就是先了解他们想做什么，然后再建议他们怎么去做。"我们都不喜欢别人告诉我们怎么做（对孩子而言，这点尤为重要）。我的意思是，你可以想象一下你去看医生，但是医生不听你说哪里不舒服，就给你开了他几周前给另一个病人开的药方。而唯一的理由就是，他给其他病人这么治疗是有效的。

如果你不听这个客户——现在坐在你面前的这位——在说什么，如果你不主动询问，如果你不设法弄清楚他面临的具体问题，那你就会被认为是冷漠的、自我中心的且十分愚蠢的。作为一个完全无辜的业余销售人员（尽管可能是个资深管理者），你实际上强化了一个常见的固执己见的销售人员的刻板形象。

呼吸你自己的二氧化碳

那么，如果我说你不能向你的潜在客户及现有客户和盘托出所有关于你的产品、想法与服务的信息，那么怎么做才能把它们卖出去呢？首先你要明白如何不会"反销售"（un-sell）。

如我们所知，自然界"拒绝真空"，而人类则憎恶冷场。

因此，当房间里出现沉默时，大多数未经训练的销售人员就会感到焦虑，他们会随便说些什么来填补空白。而且，既然他们最了解的是自己的产品，他们往往就会哇啦哇啦多说一些关于产品特性、组件、优点和价值的话，他们会一遍又一遍地谈论几分钟前刚说过的话题。现场气氛就会变成反复呼吸二氧化碳（CO_2）——呼吸的剩余产品。二氧化碳实际上在医院被用于心肺复苏，因为正是由于肺里有二氧化碳，才会促使我们再次呼吸。

要是在上学的时候你曾经试过那个从塑料袋里重复呼吸空气的高危实验（你现在已经够明智了，就不要再做这个实验了！），那么你会发现几轮过后，你的呼吸越来越快，因为你的肺部迫切需要袋子里的空气中越来越缺乏的氧气。你很快就会变得呼吸急促。当你在客户面前说得太多时，你的说服力也会发生同样的变化——越来越没有说服力。

大多数都市销售人员“流连”的酒吧和咖啡馆都流传着一些故事，是关于陪老板或其他非销售同事去拜访重要客户的地狱般体验。故事的笑点通常都出现在这样的地方：“我们出门之前，他们跟我说会让我来说，结果等我们到了那儿，他们却滔滔不绝！”（不相信？问一个你信得过的销售人员，让他告诉你实话吧。）

哎，销售人员说得越多，就越会起反作用。你会发现潜在客户开始走神。你会看到他的视线偶尔越过你的肩膀。你会注意到他有时在查看自己的指甲，无意识地开始用脚跟敲地！你的客户不希望听你说个没完或被施加压力——当你成为客户时，你也不会喜欢这样。你和你的产品、服务或想法并不是“特例”。当你能体谅对方时，说服力定律才会发挥作用。就像你一样，你的客户也希望得到理解。

> 我们有两只耳朵和一张嘴，所以我们要多听少说。
>
> ——第欧根尼（Diogenes），古希腊哲学家

正如这条建议中最基本的原则，如果你是一个热心、满怀激情但未经训练的销售人员，那么“不说”往往是很难做到的。

销售最大的谜团就是：如果没建立关系，那你就无法达成销售。除非你卖出东西并证明你的提议有价值，否则无法建立关系。你可能心里会认为，这种方式只对个人的、一对一的简单销售（汽车、冰箱、清洁服务等）有效，而在努力达成涉及巨额公司账目的大规模复杂销售时无效。我的艰巨任务就是告诉你，你错了。

事实上，无论这笔生意多么复杂（比如国际性软件合约、一笔 20 架巨型喷气式客机的订单或一个全球性金融信息系统），你都不是在和一个无名无姓的灰色企业打交道，而是在和人打交道。是这些人在做决定，而且他们极其担心会做错决定。他们和你的心情是一样的：野心勃勃地想做得更好，害怕失败，不知道接下

来会发生什么，并且对于不确定性会感到糊涂。

更可怕的是——就像你和大多数人一样，他们脑海中也不断盘旋着同一个毫无益处的念头：

> 他们要是发现我只是我，会怎么做呢？

所有人都非常需要对自己感觉良好。如果你问大多数高管人员他们感觉如何，那么他们会说："我吗？我很好（fine）！"但是最近，一位美国的生意伙伴告诉我，"好"（FINE）这个词实际上代表着混乱（f**ked-up）、不安（insecure）、焦虑（neurotic）和情绪化（emotional）。

最近，我询问了一位高管人员（他在会见一位重要客户之前，总是想找到一些有说服力的行动"建议"）这样一个问题：当他会见一位重要客户时，他的主要的目的是什么？他回答："我总是想让他们印象深刻！"好吧！

大约 25 年前，我在一家大型公司就职，公司董事们喜欢定期举办重要客户午餐会，并要求我们这些销售人员去邀请客人参会。有一次午餐会，我们的"客人"（客户）是四个白手起家的企业家，当时他们已经拥有一家非常成功的全球性企业。这些人每年在我们公司花费数千万美元。他们既不是学究也不是特别“博学”，我怀疑他们连大学都没上过。他们聊天的主要话题是运动（足球、高尔夫球和板球等），而我们公司那位作为主人的董事对这种情形完全茫然无措。他没有让客人们告诉他关于运动（客人选择的话题）的一切，而是迅速把话题转移到伦敦正在上演的戏剧上……一个他无所不知的领域，而客人们一无所知。

他问道：“你们对国家剧院正在上演的萧伯纳（George Bernard Shaw）的《武器与人》（*Arms and the Man*）有什么看法？我是说雷纳（Raina）和凯瑟琳（Catherine）这两个主演演得怎么样？”那次午餐会很快就结束了。后来，那个董事遇到我时还表现得好像那次午餐会很成功一样。“嘿！你就得向那种人显示一下，对不对？”他说。

第二天，其中一位客人打电话问我：“你的那位董事是真聪明还是真傻瓜啊？”下一年我们丢了那笔生意，在之后15年都没争取回来。

如果你以为这都是新世纪才有的痛苦体会和情绪化的废话，而你想听的只是关于销售和说服的实实在在的正经话或老套的建议，那么有一本发黄褪色的书你倒是可以看一看，那里面就能找到你所需要的内容。

在第二次世界大战之前，有个叫戴尔·卡内基（Dale Carnegie）的人在美国出版了一本书叫作《卡内基沟通与人际关系》（*How to Win Friends and Influence People*）。其实这本书还远远没有“发黄”，也没有“褪色”，如今还在重印（全球已累计发行 3 000 万册），但让我一直大为惊讶的是，只有很少的商务人士读过这本书。从 70 多年前这本书首次出版开始，你就能在里面找到卡内基对人类的种种怪异行为的描述。这本书是用相当老套的语言写就的，但意思都一样。

以下是从戴尔·卡内基对自己的书做的概述中选出的 10 个标题，我在下面加了简单注释。在你手里的这本小书中，我对所有这些技巧都做了详细说明。借助现代行为心理学提供的见解，不久你就能很好地理解说服客户购买你的产品的简单之道。

- **提问题而不是直接给建议。**一个人在说话时会感觉自己更能掌控局面。（就像你一样。）
- **当个好的倾听者，鼓励别人说说他们自己。**人们实际上并不怎么在乎你……他们只在乎自己。（就像你一样。）
- **让别人说话。**人们更喜欢他们自己的声音，而不是你的声音。（就像你一样。）
- **照顾别人的利益。**人们不是反对你，只是更向着自己。（就像你一样。）
- **让别人感觉受重视，并心怀诚意地做出决定。**对自己感觉良好的人能产生良好的结果。（也包括给你更多生意。）

- **让别人感到那个主意是他 / 她的。**你来不是为了“显示”，你是来谈生意的。（谁在乎这主意是谁出的呢？他们确实在乎……就像你一样。）
- **对别人的看法表现出尊重。不要告诉别人他们错了。**商业原则 1：客户永远是对的。商业原则 2：如果客户错了，参见商业原则 1。
- **先说说你自己犯的错误。**商业上极少的几句最有力的话之一就是“抱歉，我错了”。（人人都觉得这句话很难说出口——就像你一样。）
- **同情别人。**最能提升客户满意度的五项要求之一，就是对客户遇到的问题表示同情。（你的客户遇到了问题，并希望有人充分倾听——就像你一样。）
- **先从别人会回答“是”的问题问起。**人类心中深藏着“同意架构”或“一致性定律”。如果你能让客户对一串简单的问题回答“是”，那么他们对你稍后提出的更难的问题回答“是”的可能性会提高 80%。（随便问一个孩子试试……尤其是你自己的孩子。）

对于《卡内基沟通与人际关系》这本书，我常常想到的一点就是卡内基对“我”这个词的考证。在 20 世纪 20 年代，纽约还没有自动电话交换机，所有电话都需要经过电话接线员转接。人们做了个调查，以便找出英语中最常用的词。经过几个月的调查，人们发现那个词就是“我”，这个词被使用的次数比其他任何词都多至少 5 倍。然而当大学里的学者做测试时，他们发现“我”是世界上最没说服力的词。

影响他人：让他人说话

有一个广为流传的故事，一位年轻女子有天晚上和威廉·格莱斯顿（William Gladstone）共进晚餐，第二天晚上和本杰明·迪斯雷利（Benjamin Disraeli）共进晚餐。（格莱斯顿和迪斯雷利都是 19 世纪英国杰出的政治家，两人是劲敌，均长时间担任英国首相之职。）当被问到她对这两位政治家的印象时，年轻女子答道：“当我离开和格莱斯顿进餐的房间时，我认为他是英国最聪明的男人。但当我坐在迪斯雷利身边后，我认为我自己是英国最聪明的女人。”

——戴尔·卡内基，《卡内基沟通与人际关系》（1936）

进一步的研究显示，在量表的另一端，最有说服力的词却比别的词都用得少。那个词不是“性”、“赢”、“自由”或“容易”（这些词在说服力列表上的排名都很靠前）。不，那个时候最有说服力的词现在仍然是最有说服力的，就是“你”。

人们（你的客户、你的员工、你的朋友和你的同事）最在意的就是自己。他们如果觉得你真心在乎他们和他们的兴趣，就会给你更多生意；如果你认真倾听他们说话，自己不说，他们就会印象深刻；如果你不再试图打动他们并让他们说话，他们就会被吸引；如果你不再试图用自己的才华吸引他们，而让他们感到受重视，他们给你的就会比你想象的还多。

结　语

这一章最简单的信息是什么？永远别错过闭嘴的好机会。

第二章

能提问题就不要叙述

竞猜主持人：“你能说出这首有名的儿歌的词吗——老麦克唐纳有个——”

竞猜参与者：（思考）“……农场！”

竞猜主持人：“正确！你能把这个词拼出来吗？这样你可以再得10分。”

竞猜参与者：“当然！咿呀咿呀哟（EIEIO）！”

这是个有趣的古老世界。你并不总能得到你期待的答案。

你可能以为（对不对？），要想卖出你的产品、服务或主意，你必须对其大说特说。“口才好”“伶牙俐齿”“花言巧语”都是用来形容那些说服力强的人和随处可见的“二手汽车销售员”的说话方式的。他们就是你可能会在某个销售场所遇到的人，但和他们会面后你却感到被“掌控”了。

如果这是你的观点，那我还有坏消息和更坏的消息告诉你。坏消息是花言巧语确实有用。更坏的消息是，如果你“曾经”用这种方式销售商品给了某个客户，那他就永远不会再想从你这儿买东西了。

如果你曾见证过这种销售的“话术”对毫无戒心的“头脑简单者”奏效了，你就会知道那有多让你大开眼界！

2007 年，在英国的电视节目中，才华横溢的年轻魔术师达伦·布朗（Derren Brown）曾成功地展示过巧言说服技巧。他被拍摄到在纽约购物的过程中使用了专门设计的花言巧语的话术，这让他能一边分散店员的注意力，一边用白纸付款，从而购买了昂贵的珠宝和高级腕表！而且还不止一次！

他肆无忌惮地做到了，一次又一次，在不同的商店里，只用了 50 美元纸币大小的白纸，（基本上）说了一大堆花言巧语！有趣的是，他唯一没能愚弄的人是一个普通的卖热狗的人。（为了避免质疑，我得向你说明，他后来把所有东西都还回去了。）

那些白纸并不是藏在一卷纸里，上下都有真钱盖着；白纸就在那儿摆着，所有人都能看见……包括那些店员。

摄像机是隐藏起来的，安装在街对面，拍到布朗走进一家典型的第五大道高端店铺，装作一个真实的客户。在让店员给他看了一件昂贵的商品后，他说经过自己的充分考虑，打算用现金购买……大约 1 000 美元。他从钱包里掏出一沓白纸，然后把“钞票”一张一张交到店员手里。他一边数钱，一边用一连串简单的问题和叙述来分散店员的注意力。

“顺便问一句，附近有地铁站吗？”（50，100，150……一直数出“钱数”。）

“有。”

“是在旁边那条街还是更远的地方？”（250，300，350……更多张白纸。）

“就在那边。”

“我知道了，那我过马路，然后再走一段路。”（450，500，550……继续数“钱”。）

“对。”

“我觉得这个城市真奇怪……（继续数白纸）我要是不喝杯咖啡，简直就像没来过纽约……附近有星巴克吗？（750，800……看窗外）……啊对，那边就有一家。（900，950，1000）好了，非常感谢你！”

布朗毫不犹豫地拿上那件商品，走出商店。（摄像机镜头切回那个目瞪口呆的店员，店员看着手里一堆毫无价值的白纸，然后突然冲到门口……天哪，那个“贼”已经走远了。）

迷惑和搞乱一个人的大脑是这么容易，真令人难以置信，但这种花言巧语并不是真正的销售要做的。

真正的销售需要说服。事实上我们很少能说服任何人做任何事：人们（你的客户）会自我说服。“叙述”和“说明”是非常低效的正确销售工具。

实际上，“问题”才是销售人员最有说服力的武器。“问题”（闲聊式的问题）的好处在于你可以一次又一次地用在同一个潜在客户身上，并且每次卖出更多东西。

问题为何是成功销售的基本工具

问题和答案在一起就能创造出对话，而对话比经典的销售比稿（也就是你做叙述并让人昏昏欲睡）要有效得多。

如果你不能让对话进行下去，且至少60%的时间让客户来说，你就很难为公司拿下想要的订单、合约或生意。你提的问题（以及你回答客户提出的问题的方式）是销售谈话中最重要的部分。

我强烈建议作为业余销售人员的你（我这不是看不起你，但我认为这就是你买这本书的原因）养成提前准备好问题的习惯，并按顺序提出问题。即使你只是坐在那儿，看着公司里的专业销售主管的工作状态，你至少也会明白他们为什么这么做并且可以保持安静。（毕竟，你也不想成为那个因不肯闭嘴而在会后被他们议论纷纷的可怕同事吧。）

我曾经为英国的一家商务机器公司兰克施乐公司（Rank Xerox）工作，在我的文件柜里仍然保留着一份未签署的大型复印机合同。这份合同已经有35年以上的历史了，但我因为怀旧仍然保存着。事实上，这正是本书灵感来源的一部分。

这份合同的“签名栏”处并没有签名，但在左手边有一条小小的2毫米长的蓝色墨水印，那是一位潜在客户把笔放在纸上准备签字的地方。那天我老板的老板（那个区域的经理，他并不是一位训练有素的销售人员）跟我在一起，他突然开口说：“哦……还有件事我们得告诉你。为了使用这台已经升级换代的机器，用户需要有更强大的电力供应系统，而且我们得用一架起重机从路上把它运上来。”

这两件事都是事实，但对用户不会产生任何影响（因为它们都包含在服务内容里）……但这位潜在用户把笔从纸上拿开了。咒语失灵了。之后，我们花了半个小时讨论到底值不值得大费周章地使用这台升级换代的打印机。客户说他要考虑一下，然后再告诉我们。结果他再也没联系我们。

但是，有几个非销售出身的管理者、高级经理和公司总监确实理解提出问题的真正重要性呢？有没有人给他们展示过为什么在我们的内心问题比陈述或说辞更有说服力呢？他们为什么要顽固地坚持那些陈词滥调的演示呢？以下是三个原因。

缺乏自信

很多高管人员是杰出的经理人和政治家。他们知道自己的公司在做什么或制造什么，但并不真正了解客户为什么购买产品，以及用产品去做什么。（我曾经参与了一次销售会议的内部“趣味测试”，公司 CEO 在测试中回答了有关公司产品的问题，结果一大半都答错了。）因此，这些资深人士不愿意暴露短板，或陷入与真正客户的争论中。

他们患有企业近视症

他们太热爱自己的公司了，以至于无法理解客户更热爱他们自己的公司。谈话通常是这么开始的：“你真的必须理解我们的立场……”这简直就是自寻绝路！你的客户不会为你做任何事，除非你已经为他们做了一切。要想做到这一点，你必须首先倾听他们说想要什么。

所以成功的“沟通”大部分在于倾听！

这是业余销售人员需要习惯的最重要的日常技能之一。在做销售时，你绝不只是等着轮到自己说话。像我兄弟总是让我想起的一样，有效沟通可不像日常的埃瑟林顿家庭聚会那样……总是吵吵闹闹……每个人都在说，没人在听。

人们都会通过对我们所处环境中的各种刺激做出反应来进行沟通。心理学家亚伯拉罕·马斯洛（Abraham Maslow）提出了“需求层次理论”，具体展示了人的基本需求是如何排列的。他说明的需求是普遍适用的，沟通的需求也同样。要想满足别人的需求和欲望，我们必须沟通，而且这意味着我们必须倾听。

不过，还有别的事要做……

大多数在过去 20 年里参加过专业销售培训项目的人都应该知道，成功的秘密依赖于提出正确问题的技巧，然后倾听——真正地倾听，包括倾听对方的回答。不过，这些培训项目很少会向参与者解释提问题为什么如此有力的全部真相。

培训会告诉他们提问题能让他们获得信息，并了解哪些事对潜在客户是重要的。虽然这都是正确的，但只是一部分答案。

还有另一个有趣（而且在某种程度上更有效）的事实是，提问题能让被问到的人集中精神。你是不是听过“我一次只能做一件事”这样的话，或者听过对很多人抱怨他们不能“同时处理多重任务”？当某个人（任何人）集中注意力回答问题时，这倒是非常正确的。

当你向某些人提出一个“谈话式”问题时，他们几乎会被迫思考你想让他们思考的事。还没等他们反应过来，你就从精神上控制住他们了！（而且他们什么都没感觉到！）

被提问的人几乎不可能思考回答你的问题以外的任何事。但是，当普通的业余销售人员在说标准的陈词滥调时，他们的客户就很容易去想别的事，尤其是他们为什么不需要你的产品或服务的 101 条理由。

提问题之所以有效是因为正确的问题能让你控制客户的思想。

所以从“控制力”开始，以下是提问题的十大理由，它们又可以被分为四大类。

了解信息的重要本质

- **抓住并控制客户的注意力。**你的问题让客户有机会说话，而一个在说话的人是无法在你眼皮底下走神的。
- **迫使你的客户去思考你想让他们思考的事情。**你想让客户思考的就是他遇到的问题或挑战，而你的方案能够解决。

- **从客户的身体动作和说话声调的突然变化中，你能得到即时的反馈。**因为这些都是很难有意控制的，同时又会传达人际沟通中很多方面的信息。

控制住谈话内容

- **充分获得有关客户的信息。**这些信息或许与他的处境、问题、渴望、知识和观点有关。除非你明白客户想要买什么，否则你无法达成销售。客户会为自己的理由做事，而不会为你的理由做事。
- **选择要讨论的话题。**就像我们在观看电视中激烈的政治辩论节目时所了解到的，那个提问题的人会引导话题的方向。你的目标（用你的闲聊式问题）就是使客户让你有机会了解他们在某些问题——你认为需要探讨——上的思想和感受，这样你就能把讨论的主导权握在自己手里。
- **对客户和他们的问题表现出了兴趣。**通过做这件简单的事，你还能提醒自己不要说“销售词”，因为客户唯一感兴趣的是自己的问题而不是你的言辞。

从“供应商”变为“可信赖的顾问”

- **增强客户的信心。**你提出的问题能够立竿见影地提升被提问者的自尊心，这是因为你真诚地询问他们的想法和观点，并表现出了你对他们看法的尊重。世界上所有人（包括你和我）都会更看重自己说的话，而不是自己听到的话。

- **制造出思考时间。**当客户组织语言回答你的问题时，你也有时间在头脑中进行缜密思考。不过，因为你的客户没有台词本，所以要是客户的回答和你设想的不同，可别惊讶哦。

尽可能减少误解

- **按照你的信念理解你听到的话。**客户的回答会显示出背景信息、市场状况、他的担忧和期待。客户说话的语调、说话的方式及身体语言都在“泄露”他们没有说出来的事。（人类交流 55% 靠身体语言，38% 靠语调，7% 靠说话的内容。）
- **减少了自己说蠢话或自相矛盾的风险，因为这种风险转移给客户了。**（有句老话说：上帝给了我们两只耳朵和一张嘴，我们也应该按照这个比例使用它们。）如果你凝神倾听，你就不会说出一些蠢话。而且，在加深你和客户观点分歧程度方面，你面临的风险将会小很多。（你说出的）论断会强化并激起反对（所谓的“攻防机制”），而“闲聊式问题”则能营造轻松的氛围，减少谈判桌上的紧张不安，鼓励达成和解。

提问题是主要的销售工具，因此停止不着边际的闲聊并尽快掌握提问的技巧对你来说非常重要（见图 2-1）。

图 2-1　停止闲聊，开始提问

乔治·奥威尔（George Orwell）在其经典小说《动物农场》（*Animal Farm*）中写道："所有动物都是平等的，但某些动物比其他动物更加平等。"

可是，对于问题而言却不总是如此。虽然通常来说，一个问题几乎总是比一句陈述要好，但问题不都是"平等"的。比如说，有些问题属于既乏味又惹人烦的类型，如果你问得太多，那实际上就可能毁掉一次销售。而大多数业余销售人员的确会提出过多这类问题，仅是因为这样做"简单"，不需要做任何准备！

而一个成功的专业销售人员经过认真思索后提前准备的问题，会使客户在被问到时表现出更大的兴趣。

所以，我们值得研究一下你可以使用的问题的种类——好问题和坏问题——以及你应该如何、何时（且是否）使用这些问题。教给专业销售人员的所有最流行的现代销售模型，从英国培训商荷士卫公司（Huthwaite Inc）的SPIN销售法*到美国智越咨询公司（Achieve Global）的PSS（professional selling skills，专业销售技巧），都把问题当作基本工具来使用。所以，我们不必特别关注某种具体方式，因为它们大同小异。

问题的种类

直接性问题

一位受人喜爱的比较激进的政治记者会问：“总理先生，请告诉我公共财政超支了多少？”

在销售的世界里，这个问题听上去更类似于：“潜在客户先生，你多快能做出决定？”“谁是可以决定预算的人？”

---

* SPIN 销售法由尼尔·雷克汉姆（Neil Rackham）创立，指在营销过程中用情景性（situation）、探究性（problem）、暗示性（implication）和解决性（need-payoff）四大类提问技法来发掘、明确和引导客户的需求期望，从而不断推进营销过程，成功实现销售。——译者注

间接性问题

这样的问题可能看上去像是陈述，但实际上是伪装起来的问题。当你面对的人很明显想要给你留下深刻印象时，这样的间接性问题尤其有用："我特别想知道，你认为哪些销售主管可能会败下阵去。"

真正的问题

（需要得到明确答案的问题）："你会怎么做？"

诱导性问题

富有经验的销售主管常常会用这类问题来"敲定"一笔生意，获得订单或合约："那你周一会把合同发给我……对不对？""请让我见一下潜在客户先生好吗……谢谢！"

反问式问题

提问者既提出问题又回答问题："需要提供额外的备件吗？在商业街很容易买到的。"

开放式问题

记者会提出一类带有"什么？什么时候？哪里？怎么？谁？"（5W1H）的问题，提问对象对此不能简单以"是"或"不是"来做出回答。很多（甚至大多数）销售培训项目大肆鼓吹销售人员时刻都要提出这类问题，他们说原因在于这样的问题能够让客户开口。可实际上，并没有任何证据表明这类问题能够加速销售，只是谣传罢了。仅仅让潜在客户开口说话，还不如让他们告诉你他们的实际困境（你能解决这些困境）的一半作用大。而你可以通过开放式和封闭式（稍后我们会谈）问题做到这一点。

开放式问题通常是这样的："通常出现残次品的时候你们会怎么处理？""你目前这些财务数据是从哪里取得的？"

封闭式问题

这和开放式问题相反。这类问题可以用"是"或"不是"来回答，但只要提前精心准备，这类问题也可以成为非常有力的说服工具之一："你可以告诉我你遇到的最大问题是什么吗？""缺乏自动化的数据给你造成困扰了吗？"

二选一式问题

这类问题能够有效地让潜在客户感到他们可以有所选择，而两种答案都会让提问者获得他需要的信息。当然，在给客户提供二选一方案时，客户可能会说"哪个对我都不合适"。不过你一定会对有那么多人（实际上有 80%）选择你的方案之一感到惊讶："我们下次会议安排在哪天合适，本周二（24 日）还是下周五（3

日）？”“对于这个提案覆盖的范围，你觉得覆盖全世界好还是只覆盖欧洲？你来定。”

这些就是所有问题的基本种类。但是，销售是一个“过程”，你需要拉着客户的手,（用你的问题）引导他们得出你想要的结论。随意地提出陈旧的问题很快就会使你陷入麻烦……就像你潜水时从大海深处快速浮出水面会得“减压病”（the bends）一样。原因大致可以归结为如下两个方面。

达成销售……而不是得“减压病”

搞清楚各种各样的问题该在什么样的语境下使用至关重要。大多数业余销售人员急不可待要告诉客户一切，虽然他们上过课或者看过一两本书——就像本书这样的。（必须要提问题）所以他们迅速跨过了提问题的环节（就像书上说的），然后就快如闪电般地进入了提案环节，他们一会儿都等不了了！

如果你打算这么做，那么你的行为就好像是一个深海潜水员以过快的速度浮出海面。如果一个潜水员浮出海面的速度过快，就会给心肺系统造成巨大的拉力。这种拉力表现出来就是在其血液循环中形成微小的氮气泡。这会引发让人疼痛难忍的“减压病”，如果不及时治疗，很容易导致猝死！

与此类似，如果一个业余销售人员在销售过程中过早地介绍了自己的解决方案，也可能导致连锁反应，并往往造成销售过早失败的结果。因为，销售人员会发现，为了尽快获得其解决方案所需的“氧气”，他很早就遇到了价格异议（也就是“减压病”）。

大多数普通业余销售人员尝试销售失败，是因为他们没有意识到不合时宜地急于提出自己的解决方案对销售造成的损害有多大。

如果我们比较一下普通业余销售人员和专业销售人员在销售过程中各个阶段花费的时间，就能更清楚地看到这一点。

常见的价格导向的销售时间线看上去是图 2-2 这样的：

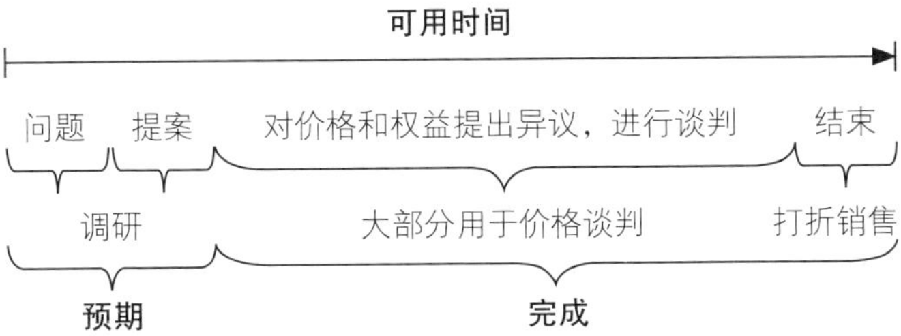

图 2-2　普通业余销售人员的销售过程

而另一方面，研究表明，在一次认真实施且真正成功的销售活动中，通常调研阶段（提问题）的时间会更长。因而，对价格进行谈判以及最终对价格做出让步的需要就少得多。实际上，所有的研究都表明，在“调研”或预期阶段（如生日、圣诞节或前戏）花的时间越多，最终事件的效果就越强（见图 2-3）。

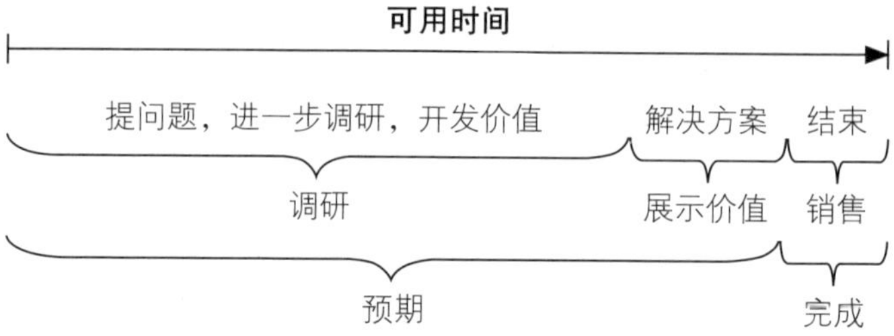

图 2-3　顶尖专业销售人员的销售过程

如果你是个学院派……

我现在必须得来点儿“干货”了。如果此时此刻，对于把问题作为一种说服手段的运作机制，“该怎么做”比“为什么这么做”对你来说更重要，那你可以（立刻）直接跳到第三章，以后再回头读这部分内容。第三章讲的是我所知道的最有说服力的四步提问模型：“SWOT”。

那么，你想怎么做？跳到后面第三章？好，你去吧……稍后再见。

欢迎回来。

因为现有的条件、客户的组织情况和处境决定了你要提出什么样的问题，所以你需要明确找出客户所处的形势，然后提出相应的恰当的问题。

你向客户提出的每个问题都有一个分级，要么是个孤立的问题，要么是个关联性问题（一系列问题中的一部分——见第三章），要么是个回答式问题（专业销售人员常常用这种问题代替直接的回答，以免贸然“表错情”）。

一旦你（作为卖家）准确地找出适合你所处形势的问题类别，你就能够在讨论或对话中找到合适的时机来提出问题。

提问的八大定律

尽管提问题可能看起来是一种极其基本的活动，几乎没有什么内在的困难，但是在销售过程中，在错误的时机（往往是过早）提出错误类型的问题，实际上可能使这笔销售泡汤。对，一个问题往往比一句陈述更可取，而且如果你能够正确且巧妙地提出自己的问题，那你就能够遥遥领先于其他业余“说客”……下面我将告诉你该怎么做。

好了吗？现在就开始……每当你提出问题时，你都要记得有八条基本定律在支配着提出说服性问题的艺术性与科学性。遵守这些定律，你就会提高成功使你的客户自我说服的可能性。因此，在你为下次客户会议准备问题时，一定记得以下定律。（对，你肯定总是在准备……而不可能“一晚上就搞定”。）

问题要短

不要提那种不着边际的问题，因为让你的潜在客户回答那种问题太难了。如果有必要，你可以解释问这个问题的原因，但不要说个没完。比如，这样说是可以的："为了便于我们为你计算出正确的报价，你能不能告诉我，你有多少员工需要完整版软件，有多少员工用精简版就可以了？"

我建议你总是在一开始就解释一下你提出问题的原因，大多数客户会期待你给他们提案，而当你一开始就提出一大堆问题时，他们很可能会感到惊讶。所以你可以先给些提示，比如："为了我能针对你的需要提供信息，以免浪费你的时间，我想先问你几个问题，来确定我们对你这种情况是否能够提供帮助。"

亚利桑那州立大学（Arizona State University）在过去几年中进行的一些有趣的研究证实，如果你给另一个人恰当的理由——似乎任何理由都可以——来接受你提出的任何要求，他们接受的可能性就会大 80%。

还有一个非常有效的三步式开场白，它能够让你不必对客户解释为什么在接下来的会议中你会问的比说的多。我把这叫作 3R 法：原因（reason）、途径（route）、结果（result）。要是你哪次不知道该说什么开场，我建议你也用这个方法。

我会提醒客户开会的原因。我会告诉客户我将采取的途径（提出问题）。我会告诉客户有什么样的结果（所有"需求"都考虑到了 = 我离开；还存有疑虑 = 我留下进一步探讨）。因此，如果我到你的公司去看你，那么你通常会听到我这样开场：

潜在客户先生，我今天想做的是，确定我们（你的公司）是否能为你提供你在顶点公司寻求的那种谈判培训项目。（原因）为此，我得先问你几个有关你的公司的问题。（途径）根据你的回答，我们双方很快就能弄清楚（你的公司）是否能帮助你。如果是，我将留下来，更深入地了解你的需求；如果不是，我就离开……这样可以吗？（结果）

易于理解

“你能不能说说你们判断一个企业的内网或外网项目成功与否的规范性标准，你们会怎样衡量这些标准，时间跨度如何？”

这样讲话的业余销售人员显然更想用一些复杂的、客户可能并不熟悉的词语来让潜在客户佩服他。但这样做的效果通常是，让客户觉得你不可信、不可靠。你去洽谈是为了销售……不是为了让人佩服。所以，只有当你现在面对的这个人也因常使用而了解那些词时，你再使用你那些行话和术语吧。重新组织上面那个问题并不难：“你能说说你想让这个新的 IT（信息技术）项目为你的公司做哪些事，以及需要在多长时间内完成吗？”

问得准确

你问的问题要明确，因为如果你不这样做，你得到的回答就会是杂乱含混的。“你认为从中短期看，英国的商业房地产市场的价格走向如何？”以及“你对路透社（Reuters）和汤姆森金融公司（Thomson Financial）的合并怎么看？”，这些问题一点儿也不明确。所以要以明确精准的方式重新措辞：“你认为今后两年内，伦敦的商业地产价格会上涨还是下降？”以及“你认为客户从路透社和汤姆森金融公司的合并中能获得的主要好处是什么？”

不过也有一些例外。比如，当一个文静的、不善言辞的客户需要一点儿动力来开口说话的时候。更笼统的“你怎么看？”“你觉得呢？”这样的问题，能比较快地让他们开始讲话。

问得简单

“你们的销售人员每年接受多少培训，培训后他们在和客户开始通话、结束通话、解决异议及协商方面做得怎么样？”这个问题有五个部分，而五个小问题会得到很多大不相同的回答。你的客户会糊涂。他可能需要回想（输入）培训者和对销售经理的培训与指导活动，同时还有（输出）这些培训达到的效果。所以你应该分开问：“你每年为销售团队提供多少培训？”在你得到清楚的回答后，你可以再问下一个问题：“他们在开始一个销售过程时做得怎么样？”然后问其他的，直到你获得了你需要的准确信息。

说明接下来做什么

一项有趣的研究表明，顶尖的（成功的）销售人员常常会直言不讳地告诉对方他要提问题了："现在我有个问题。"他可能是这么说的："潜在客户先生，现在我想问你一个问题，就是……你现有的系统每周会崩溃几次？"以这样的方式提出问题，能够让被提问者在你提出具体问题之前就从心理上集中注意力准备回答问题。

坚持不懈

你需要知道你的潜在顾客每个月都从你的竞争对手那里购买多少瓷砖黏合剂。客户让你给一项工程报价，但不会告诉你目前他们购买的具体数量，而你需要一个数字做基础来计算报价。所以不要放弃，而采用迂回的方式提问："这个场所一共需要贴多少块瓷砖？"过一会儿再问："你们现在用的瓷砖尺寸是多少？"最后再问："你估计每平方米需要用多少黏合剂？"现在你应该有足够的信息，来计算出准确的报价了。

找对提问对象

你提出的问题必须是你面前这个具体的客户能够回答的。正如这章前面说过的，你去洽谈不是为了让人佩服……你是去销售的。不要问一个会计技术人员关于产品的细节问题，也不要让一个工程师解释计算利润的方法。（我甚至见过业余销售人员想要把精密办公设备卖给一个前台！）

毅　力

世界上没有什么能取代毅力。才智不能取代毅力，聪明但不成功的人比比皆是。天分不能取代毅力，不得志的天才屡见不鲜。教育不能取代毅力，世界上受过教育而一事无成的人随处可见。只有毅力和恒心是无所不能的。

——麦当劳创始人雷·克拉克（Ray Kroc）办公室的标语

［原文出自美国第 30 任总统卡尔文·柯立芝（Calvin Coolidge）］

如果你向一位资深人士询问技术细节，那么他们通常不愿意说他们不知道，而往往会编造事实来掩盖自身的知识匮乏。他们还会对自己感到不确定，因而他们把这笔业务给你的可能性就更小了。如果你得到的答案含糊不清，那么你就必须尽快回到这个潜在客户具有直接经验的领域。

表达清晰

我经常会接到业余销售人员打来的电话，他们想和我们做生意，但他们的语速太快，以至于我听不明白。无论你是和客户面对面沟通还是在电话里商谈，你都必须掌握好语速。你必须大声地、口齿清楚地说明白你的问题的每一个字。如果你向客户表明你的问题很重要，而且你不是在向他们堆砌词汇，那么你的客户反过来也会给你一个严肃认真的答案。你还要让对方能够有机会回答问题……毕竟大多数业余销售人员往往只听到一个答案的前几个词就已经在想自己要怎么回应了。

切记一点（这简直是通病）：不要只是因为你觉得自己可能会听到一个不想要的答案，或者你不耐烦了，或者你只是想用自己的产品或市场知识来给人留下深刻印象，你就自问自答。

> 糟糕的一天是不是？我想你不需要买我卖的这种产品，是吧？……不需要？……而且短期内也不太可能需要？……好，我觉得也是，但还是谢谢你。
>
> ——我在 20 世纪 70 年代作为一个年轻销售员的亲身经历

提问题的两个基本目的

提问题能为你实现两个基本目的：为你提供信息和让你的客户思考。

你在开始销售前必须知道你的客户可能决定买什么，并使你的客户对你能提供的东西产生足够的购买兴趣。

所以，在销售一开始就把你的电脑合严实（或留在家里）——这说的就是你（无论你在公司里多么资深）。

在你能想方设法满足客户的需求之前，你必须先了解你要设法解决的问题是什么。在你开始演示你公文包里的那份电脑催你（让我出来……让我出来！）展示的事先准备的演示文稿前，你必须先了解坐在桌子对面那位是不是你的潜在客户，否则你们俩都是在浪费时间。

确定客户想要什么

我花了好几年才发现，试图卖给人们你认为他们需要的东西并没好处。更何况人们（客户）想要的东西，并不总是他们真正需要的。这虽然很恼人，却是事实。

我在英国工作时，曾经有一位英国公司的总经理教训我（对我咆哮），说我应该到美国去，告诉那些“美国佬”他们真正应该购买什么。他想让我销售的是一款国际财务信息产品。而另一方面，美国市场想要的是一款与此相当的国内市场产品，但我们没有。虽然美国客户可能会从我手上这款国际性产品中获益良多，但在历史上的那个特定时期，他们并不认为自己需要那个产品，所以我卖出得很少。大吼大叫也无济于事。

如果你想成功地确认这个具体客户明确的“需求”、问题、忧虑，甚至确定他们是否能够成为你的客户，你必须在以下方面提出你的问题。

- 客户目前所处的背景和组织结构。
- 你的产品或服务能够解决的“需求”、“忧虑”、“麻烦”或“问题”。
- 如果问题没得到解决，会造成哪些连锁反应。
- 解决问题的愿望有多迫切。

在第三章，你会看到“SWOT”模型，那是一个罗列和使用所有这些问题的目标明确的方法，但无论在何种情况下，你都需要注意遵守如下三条主要原则。

原则 1　最先提的问题必须是轻松、不会冒犯别人的

这类问题的目的是引发讨论。你的问题一定不能超出客户的知识范围，以免让他们产生任何疑虑或警惕。保险业最经典的样本问题不是“假设你明天去世”，而是“假设你昨天去世了”。

所以，不要问“你每个月卖咖啡和茶能赚多少钱”，而要问“你货架上有多少个品牌的咖啡和茶”。

原则 2　不要让客户知道你了解有关他们业务的机密信息

如果你已经了解了客户的背景信息和组织结构，而你认为他可能会把这些看作商业敏感信息或机密（“据知情人透露”）——比如销售数据、高层辞职、交易价格或生产量数据——那就保持沉默！

你并不是去证明你对国际间谍活动很在行或者有了不起的内线，你是去销售的；仅此而已。如果这些信息出现在客户的网站上、报刊上或电视节目中，或者出现在他们的公司手册里，那还说得过去。除了那些信息，你别的什么都不知道！

原则 3　不要问过多的背景信息问题，让你的客户感到被盘问

你应该事先就做好该做的功课（而不是五分钟前和你的销售主管在电梯里才完成），如今客户想让你知道的大量信息都在他们的网站上可以找到。还有，如果你看起来想对他们的业务了解太多的细节，那么你提的问题会让你的潜在客户认为，他们的业务比其之前认为的“复杂”得多。如果是这样，到后来时机恰当时，你会发现想卖出你的产品或服务的难度变得更大了。我知道，不得不坐下来做大量准备工作是很痛苦的，而提出你想到的背景信息问题要比做准备容易得多，但如果你没做好准备，就不会得到什么好结果。

教授的发现

几年前在英国进行的一项为一家美国公司做的学术研究发现，在一次不成功的销售中，与更有经验、表现优异的专业销售人员相比，业余销售人员（比如销售实习生、经营主管、工程师、技术人员和会计等）几乎要提出两倍的“背景性问题”。

另一方面，只有那些业绩良好、成功率高的专业销售人员“敢于”对“如果没能明确问题所在，可能导致哪些不利的连锁反应”这类话题提问，目的是激发客户获得解决方案的迫切愿望。

不要提出引导性问题来确认你可以决定的问题

引导性问题是从你的观点而不是客户的观点出发来分析问题，在销售中对你没有什么帮助。“我估计你已经发现你现在的燃气锅炉经常不好使，对不对？”“呃……没有啊！”“你是不是同意，一台沉重的复印机是你这样的公司最不想要的东西？”“可我们公司的这台用着挺好的！”

所以，如果你想明确并了解客户有什么需求和顾虑，你必须提出合理的问题。

合理的问题能使你获得信息、（从客户的立场看目前困境的）原因及可控性（这样你就能正确理解潜在客户的处境）。合理的问题举例如下。

- “你目前的‘核心’产品销量有多高？”（合理，封闭性，信息类）
- “你们为什么不在互联网上投广告了？”（合理，开放性，原因类）
- “你的意思是说通常培训课程要上两天？”（合理，开放性，原因类）
- “你知不知道最近哈佛商学院对这类培训做的研究发现了什么？”（合理，封闭性，吸引人的问题。你的竞争对手也这么精明吗？）

你在为拜访客户做准备时就必须想好这类合理的问题，它们能帮你建立起客户的需求。你最好把这些问题以“关键词”的形式记在笔记本上，这样就不必在现场使劲回想了。我会把我的问题用铅笔轻轻地记在笔记本的左手页上，然后在会议期间以这些“关键词”为基础来组织出完整的问题。

如何利用问题来展示你的解决方案

对于任何销售活动的实际发生过程——以此逐步展示你的解决方案，我们将在第三章详细探讨，其中的销售活动能帮助客户谈论并思考他们面临的问题。在一次经典的销售中，展示解决方案的阶段通常从承诺客户能获得的效益开始，例如下面几种问题。

- “根据我们所讨论的内容，如果从现在起你有办法每年都节省 5 万美元，那么你会感兴趣吗？”
- “现在我明白不合格产品造成的损失了，那你想不想把残次品率降低到 0.05%？”
- “如果砍掉你业务流程中的一个方面，就能把利润提高 25% ~ 95%，你想知道怎样能做到吗？”

现在你知道了……你还能更具说服力

实际上你会发现，让客户用他们自己的话来表达引入你的解决方案的好处或“收益”会更有力，比如使用下面几种问题。

- “如果你对我们讨论的问题有了解决方法，那么你会得到什么样的年收益？”

- “假设我们有办法把残次品率降低到 0.05%，这对你的业务会产生什么影响？”
- “如果我们能把你的损耗率降低 10%，你觉得你的利润会增加多少？”

你的客户唯一想得到的就是解决方案

你的产品和服务能为你所在的市场提供多种益处。这些解决方案（也就是益处所在）在于提升安全、利润、形象、简化性和灵活性等。顶尖专业销售人员的技巧就在于，能够针对客户的“需求”、“主要烦恼”或“头疼不已的问题”最佳地匹配收益。而这往往能够从客户如何回答你提出的问题——旨在引向你要展示的解决方案——中得到。

这就是在你能够从客户的角度完全了解其问题之前，不应该直接“演示电脑文稿”的原因。

你需要在弄清客户需求的过程中决定你要向客户展示哪些收益。当客户对你的导入性问题回答“对”的时候，才是你展示解决方案的时机。

控制性问题

所谓的控制性问题（control question）是你在“展示收益”时

能提的最重要的问题。在销售会议的整个过程中，你要不断地确认你的客户明白你所说的和展示给他们看的，比如提出如下问题进行追问。

- “我解释得够清楚明白吗？”
- “你了解我们和我们美国合作伙伴的关系了吗？”
- “你能认出你将使用的控制系统吗？”

再上一次代数课

顺便说一句，你不能指望客户请你详细解释解决方案中的某一点。人们不这么做，是因为他们不想让别人觉得他们反应慢或“笨”。就像你自己多年前在代数课上一样，他们希望作为老师的你在最后展示答案时能将他们不明白的地方再说明一次。而且，不要问你的潜在客户“你明白我说的了吗”，更有技巧的问法是“我讲清楚了吗”。

了解把不同类型问题联系在一起的重要性

你会发现有时在演讲中提出信息搜集类问题更有用，比如：“你会收到半日制的培训模块。你觉得这样有什么好处吗？”

首先，你的问题会促使客户思考对你的产品进行正面的评价。

其次，这个问题让客户从他们的角度来表达产品的收益。得到客户的肯定是达成销售的重要一步。不同意或“反对”则表明客户头脑中有保留性想法，如果你没有觉察到这些想法，那就可能导致客户无法做出购买决定。不过，你之前提的那些问题（而不是业余销售人员的“提案”）实际上能够帮你避免很多通常销售中会遇到的反对或异议。这是因为“问题”会迫使客户去思考并讨论他们遇到的难题，而你能解决这些难题，这就是他们唯一感兴趣的。

有一句话叫“有例外就证明有规则”，所以你要注意，一个实际上以引导性问题的方式来问的信息性问题会变成一个确认性问题，如下面的提问。

- “你肯定也同意吧，这个方法能大大简化工作流程？”
- “你不觉得我们的软件设计师在这点上做得挺天才的吗？”
- “这样确实能省下一大笔资金，是不是？”

对于这种提问技巧，以下三点很重要。

- 你可以把一句赞美之词用在问题里，提升建议的效果：“作为一位经验丰富的销售经理，你肯定同意……”，或者“像你这样了解市场的人，肯定不会否认这样的事实……”

- 对于那些对自己不太确定或不太爱说话的潜在客户，你要慎用这个方法。他们很有可能只是出于礼貌或避免麻烦而对你表示赞同，但其实他们可能有别的想法。这种在缺乏了解的情况下达成的协议对你毫无帮助，那些没说出来的疑虑仍然存在。
- 不要把引导性的确认性问题问得太长。否则，你试图鼓励客户进入的“肯定”节奏（一个人一旦开始说“对”，他们就更有可能接下来也说“对”）就有可能毫无预兆地失效，然后你的潜在客户会感到被操控了，并且可能变得难以搞定。

所以，如果你能在回答客户提出的一个封闭的信息性问题时关联一个需要回答的反问，你就离达成销售更近了一步。

销售过程中的关联性问题示例

潜在客户：你们自己进行安装吗？

专业销售人员：对，我们可以安装。你是需要我做个安装计划还是想让你的员工来安装？

潜在客户：你们可以寄售库存吗？

专业销售人员：我们很少这么做。但如果你要求寄售库存，当然也是可能实现的。我能打个电话给我的销售主管确认一下吗？

潜在客户：你们通常的付款期限是多久？

专业销售人员：我们的标准条款是10天2%的现金折扣，或者30天付全款。你想怎么付款？

如果你的客户决定继续谈下去，那你们就能确定订单的又一个细节，在大多数情况下，我们可以默认这笔订单会达成。

第三章

停止推销：开始提出“SWOT”问题

有质量的问题能创造出有质量的人生。成功人士会提出更好的问题，因此，他们也能得到更好的答案。

——安东尼 · 罗宾斯（Anthony Robbins），美国潜能开发大师，成功学畅销书作者

所有的出庭律师都知道提问的重要性，这是律师的基本功之一。他们需要预先进行精心准备，来确保提出正确的问题。在那本传说中的《成为一名律师必备的基本知识》的法律培训手册里就有这样一条原则：在法庭上，永远不要提出你自己不知道答案的问题。

无论在哪一类企业，这条原则对所有成功的销售人员来说都同样适用。

在前两章，你已经理解了在销售过程中一个问题总体上来说比一句陈述更可取。你也已经读过关于提问的各种原则。但如果你不理解这些原则，那么当客户没有按照你的预期做出回应时，你可能还是会不知所措。

这就好比一个民航飞行员，在学习如何使用一架现代喷气式客机玻璃驾驶舱里的飞行计算机（电脑屏幕）之前，他必须首先对手动飞行技能和老式模拟仪器有基本了解。如今，电脑能代替飞行员进行大部分操作，包括降落，可一旦电脑无法正常工作，飞行员必须懂得如何手工操控飞机。

销售也是如此。你在本章即将学到的是在销售中等同于飞行计算机的东西，我把它叫作“SWOT”。这里的SWOT不是管理学中用于分析和考察新项目的那个著名的模型：优势（strengths）、劣势（weakness）、机会（opportunity）和威胁（threats）。对于专业销售人员来说，我所指的“SWOT”代表着一套非常有说服力的用于销售的问题：开局性问题（set-up question）、烦恼性问题（worry question）、暗示性问题（overtone question）和转变性问题（turnaround question）。

首先，你只有使一位客户（你正在与之对话的这位）对于你能提供解决方案的领域知无不言、言无不尽，你才能开始销售。你清楚问题的答案应该是什么，但是这位客户见证人会给出你想要的答案吗？因此你可以根据自己已经掌握的知识利用上述四类问题来进入“调查阶段”。

其次，你在调查的过程中一定要尽可能按照以上顺序提出这些问题，这样才能逐渐把客户的胃口吊起来，让他想要找到解决问题的方案。

开局性问题

这类问题能让你“摸清情况”，了解有关客户业务的基本信息，如客户有多少员工，有什么样的设备，工作地点在哪里，服务什么类型的客户及市场地位等。如今，这些信息大多都很容易在网上查到，而且提出过多这类问题可能会使你的销售工作早早就引起反感。大多数业余销售人员的确会问得太多——为什么呢？我在我主办的大部分高级销售培训班上提出这个问题时，几乎所有经验丰富的销售人员马上就能给出答案："因为容易问出这些问题。"这就是唯一的原因……提这些问题都不需要做准备。

提出过多这类背景问题会令生意泡汤的原因在于，客户感觉遭到了审问，而且对被询问的人来说，这些问题毫无意义。在被问到太多下面这类问题后，客户会感到厌烦。

- "你们的英国公司在英国什么地方？"
- "你们下一步打算怎么办？"
- "你们在那儿有多少经销商？"
- "你们为什么只在美国开展业务？"
- "你们什么时候会考虑做出这些改变？"

不过，这些问题也能让你确认你是否理解相关情况，而这往往是非常有用的。有几次，我曾尝试在销售时不提出这类确认性的背景问题："埃瑟林顿先生，这个机器重吗？""重？……不重……其实一点儿也不重！""啊，那太遗憾了，我们这里需要一台很重的机器。要是机器太轻了，员工会把它挪来挪去的！"

什么？

还有一次："埃瑟林顿先生，这个系统容易使用吗？""容易？……潜在客户先生，连孩子都能用！""哦好，可我们需要的是不那么容易的。它应该有个不太直观的步骤，这样我们的员工在启动系统前必须思考一下。"哦，不！

在以上两个案例中，我都应该先确认他们问那些问题的用意："机器重量对你来说是需要考虑的问题吗？""你为什么关心系统使用起来是否容易呢？"

由于一个问题通常要比一句陈述更好，所以你还可以利用背景问题向客户传递一些信息，而不至于在 X 和 Y 点上显得咄咄逼人。

- "你知道我们公司刚刚和顶点公司合并了吗？"（我们刚和顶点公司合并了。）
- "你有没有参加过那些通常没什么用的公司培训项目？"（大多数公司培训项目都是浪费时间。）

你还可以通过提问发现客户是不是在跟你"兜圈子"。例如："你在那次 Excel 展会上收到赛道有限公司（Track Ltd.）的提案了吗？"（赛道有限公司没参加那个展会……所以客户的回答能告诉你很多信息。）

好了，现在你已经对这个客户的背景信息有了一些深入了解。接下来，你可以利用烦恼性问题去进一步了解一下，这个客户如何能被说服购买你的产品。

烦恼性问题

对，就是关于烦恼的问题。这可能是这一章最重要的部分了（让我翻回去看几页）。对，就是这个……所以你可能要用铅笔或钢笔在这页顶部画个 X 或者折个页脚……反正需要以你常用的方式标记出来。

为了说明这类问题为什么是成功销售真正的核心，最好的方式就是请你容我稍微跑题一下。可以吗？谢谢。那我就开始了。

我将要问你一个问题，这个问题在我位于伦敦的公寓里总是能得到热烈反响。当我刚刚开始业务时，我曾不止一次向那些围坐在我餐桌边（那时我还没有办公室）皱着眉头的高级经理提出这个问题。他们往往想得到价格低廉的销售培训，而且猜测（没猜对）我（还）没有能力拒绝他们的打折要求。但仅这一个问题往往就能让他们确信，我对他们的销售不那么成功的原因确实有独到的见解，因此他们会全额支付我为他们提供咨询的报酬。

这个问题就是：你的产品或服务解决了什么问题？

有那么多企业连这个问题都没弄清楚就能开始卖东西，这件事总是让我大为惊奇。同样让我感到惊奇的是，即使这些企业到目前为止还算成功，它们也仍然没有意识到，如果它们肯花力气弄清这个问题，那么它们的销售额将能大幅增加。所以让我再问你（亲爱的读者）一次：你的产品或服务解决了什么问题？

这个问题之所以那么“引人注目”，原因就在于能够为你的客户解决一个问题（或几个问题），是你的产品或服务能够存在的唯一理由。你的销售方式、你为销售提出的问题、你的网站、你的产品手册、你的产品设计师及你的市场营销人员全都应该关注这个问题，以及你对此给出的答案。

那么多高级经理都无法为其公司的产品回答这个问题，本身就值得警醒。在我家餐桌边皱着眉头的绅士们那时总是面面相觑，清清嗓子，然后开始谈论科技或他们的公司。当我询问一位电子商务人士他的产品为客户解决了什么互联网问题时，他的部分回答如下：

> 呃，在接下来的几年，人人都会投入多媒体行业，竞争会加剧。现在很多公司生产的各种设备，到时候就没用了。我们都知道这些合并会产生的影响就是人人都会投身多平台和多媒体，赚彼此的钱，那时的情景会很让人兴奋，但也会让人困扰。这就是我们在销售的概念。

对，确实是。我敢肯定这通胡说八道里讲到了解决什么东西的方案，但我无论如何也没听出来。

不过，一旦你明确了你的产品最主要的功能是什么，你就可以开始提出烦恼性问题了。

烦恼性问题就是那些关于你的产品或服务所设定的能够解决的全部问题。这些问题实际上就是在温和地打探，问出那个问题（就是你公司的产品或服务能够解决的那一个或几个问题）给客户带来的烦恼、难题、困境和代价等。一旦你了解了让这个客户（坐在你对面的那位）最“烦恼”的具体问题，你就知道该怎么安排你接下来的销售会议内容了。

除了这个，你能提供的其他东西都是多余的，所以你就别提其他问题了，否则客户肯定会对你的报价提出异议。（稍后再详谈这个话题。）

烦恼性问题已经成为我的企业精神中不可或缺的一部分，以至于每当有潜在客户打电话给我的销售培训业务部，想了解我们提供的培训内容范畴时，我的每个员工都会训练有素地问道：“当然可以……请问您能告诉我您需要解决哪一类问题吗？这样我才知道您需要什么样的培训。”

这样问能迅速启动销售进程。对客户来说，能够解决他们的问题的能力是我们唯一的价值所在。

为了更加密切地关注对你的客户最重要（并且烦恼）的具体

问题，在与客户面对面时，你可以像下面这样提出烦恼性问题。

- “在集中供热方面你最担心的是什么？”
- “这个办公室设计方案可能有多让人头疼？”
- “如果这个项目进展不顺利，会给公司造成恐慌吗？”
- “你对你目前的销售团队有哪些具体的烦恼？”
- “如果这事出了岔子，对你的部门会有什么影响？”
- “要想把办公室卫生弄‘好’是不是很痛苦？”

请注意每个烦恼性问题的措辞都包含让人“不开心”的字眼：“担心”“头疼”“恐慌”“烦恼”“出岔子”“痛苦”。这是因为，如果你没有可以解决导致某个具体烦恼性问题的方案，你就不会坐在这里“提问题”了。

在这个阶段，你提出的任何问题都不可能是“让人愉快的”。实际上，你的客户不需要“愉快”，你也不需要。你的客户说出他的烦恼（在这些方面你能够提供解决方案）越多，他们的头脑就越关注这些烦恼。而他们的头脑越关注烦恼，你就越容易达成销售。

一旦你提出了烦恼性问题（在下一章我将会详细讲解如何为你的公司或产品构建这些问题），你就占有了优势。你掌握了信息，因为你能看到给客户造成某种程度的烦恼、头疼或焦虑的冰山的面貌。你知道这座冰山的外形、颜色、危险因素、大小和质地。你的客户也能看到这座冰山，因为他们正在对你描述它（经过双方同意，并在你的一点点提示下）。更何况是他们主要在说，显而易见这是他们自己的冰山，而不是作为销售人员的你通常在没希望的销售提案中告诉他们的。所以，任务完成了……现在该对他们说出你的解决方案了。呃……不过要是我就不会说。还没到时候。

> 这不是结束，甚至不是结束的开始。但，这可能是开始的结束。
>
> ——温斯顿·丘吉尔（Winston Churchill）

很多业余销售人员确实会把“开始的结束”看作整个调查过程的结束。他们迫不及待要说出自己的产品或服务能做到什么……他们等不了了，然后就全说出来了，通常就是那种陈词滥调的演示，那些图片精美、徒有其表的手册，以及那些随处可见的电脑报告。

我知道这种情形仍在上演是在一个很偶然的场合，同时也超出本书的范围。当时，一位来自我所在地区公用事业供应商的非常资深的经理人试图在我家餐桌边卖给我一个新的天然气集中供热锅炉……天哪！为什么他认为我想看锅炉内部的一个“铁夹子”的图片？一个散热器水龙头的图片？还有一个关于外部排气口出来的“冷凝物”长什么样的小视频呢？就是因为我有可能需要买一个新的能出热水的东西……仅此而已。

你知道，最重要的是，你的客户只是向你承认了他们现在遇到了一点小问题，或者他们认为可能会出一点小问题。而且，在客户看来，不用花大价钱就能圆满地解决那个问题。（就像我的小锅炉问题一样。）毕竟，管理者和企业主存在的意义就在于此，是不是？就是为了解决问题。如果不是为了解决问题，他们根本不会有工作，对不对？

所以你可以相当确定，即使在你提出这些烦恼性问题之后，客户头脑里也在盘算：“好吧，我承认……确实有问题……可能有点让人烦恼……但是真的值得花那么多钱和工夫买这个人的方案来解决问题吗？”

这时候你（作为正在成长的专业销售人员）就该更进一步提出暗示性问题了。

暗示性问题

请想象你把车开到本地的汽车养护中心去做例行安全检查。当你把车开进停车场时，店主和你打招呼，招手让你慢下来，指指你某一侧的前轮。你问："有什么问题吗？""没什么，"他说，"就是轮胎纹路看上去有些磨损了。"

你关闭发动机，从车里出来，自己检查轮胎。"嗯。"你表示同意，"我觉得是有点儿磨损了，但纹路还挺清楚的。这会影响检测结果吗？"他说："我觉得可能刚刚够通过检测。""那就下次再说。"你这样说着，然后把车钥匙交给他。

其结果就是你离开这个地方，并说服了你自己用"处于临界状态"的轮胎继续开车没问题（尽管轮胎只是勉强能用），而养护中心店主则错失了卖给你一条新轮胎（或两条新轮胎）的机会。

但从另一方面来说……要是养护中心店主换个说法，会产生多大作用呢："我觉得可能刚刚够通过检测。但你看没看上个月《汽车专家》（*Car Expert*）杂志的一篇文章？是关于下雨天对临界状态轮胎进行的测试，就像你的轮胎这样的。我这儿有这篇文章……你看这一段，说尽管轮胎还算'合格'，但是驾驶者在湿滑路面发生打滑的可能性要高 80%。"

"嗯，有意思。"你边扫视那篇文章边说。你读文章的时候，脑子里回想起在电视上看过的汽车节目中交警在训练场里做培训。要是你的车在湿滑路段开始失控，你能记得要"顺势"操控（无论"顺势"是什么意思）吗？

然后，养护中心店主拿出他的轮胎深度规，放到你的轮胎上。"你从这可以看到，你的轮胎花纹的深度只剩（他读出深度规的数据）6 毫米多一点儿，合法值是 5 毫米。你觉得呢？……就多了 1 毫米多点儿！”

“1 毫米可不多，是不是？其他轮胎呢？咱们最好也看看。”

“我已经看过了，”这位养护中心店主说，“两条后胎没问题。另一条前胎比这个好点儿，但是最好两条前胎一起换，这样你的转向装置才不会失去平衡。”

“换两条轮胎贵不贵？”

“嗯，换一条轮胎，加上调试，需要 60 英镑。但如果你买两条，一共花 100 英镑。你想换一条还是两条？”

“哦……我想安全起见我最好还是两条都换。”

销售达成了！

在第二个例子中，养护中心店主所做的就是在应用我们所说的暗示性问题。他是在对你说事实，但他是用提问题的方式说的。提这些问题的目的就是让你思考：如果不理会那个明显并不紧急的磨损轮胎问题可能会造成什么连锁反应。

这就像看一座冰山。一开始的烦恼性问题显露出的冰山一角，可能使潜在客户感到担忧。接下来的暗示性问题则促使客户思考（甚至想象）不立即处理问题可能造成的连锁反应（见图 3-1）。

请注意，在这个说服过程中很少用到“告诉”，关键在于让客户说出你在其他情况下不得不告诉他们的话。而且这样做，对客户的心理影响要强得多。为什么会这样呢？（我听见你问了。）

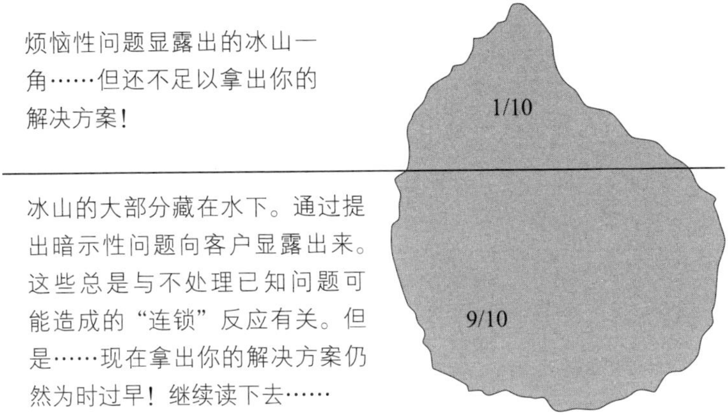

图 3-1　冰山：烦恼性问题、暗示性问题及其他问题

你有必要了解关于说服的两个事实。有大量学术研究已经揭示出人们在做出决策时关于说服的两个有趣事实。

- 与那些听别人说出的话相比，我们认为从自己嘴里说出的话的说服力要强得多。
- 我们认为我们要求的东西和我们没有要求就得到的东西同样具有很强的说服力。

回答问题（无论问得多么随意）的过程对任何人的大脑都有强烈、有力和说服性的影响。这是因为，成功的说服者只不过是让客户开始思考，并“用语言表述出”那些如果他们没有找到解决方法则可能会面临的真正问题。为了让客户“思考”并“说出来”，销售人员要善于利用最具说服力的工具：客户的想象力。

因为，在我们的头脑中，我们的潜意识并不知道现实体验和想象体验的差别。而且，正如爱因斯坦所说的：“当想象和现实发生冲突时，想象总是占上风。”

你什么意思……销售仍然为时过早？对，是的，因为在拿出你的解决方案之前，还有一个阶段要进行。我知道你可能迫不及待要马上开始销售了，但正如我之前指出的，所有关于销售心理学的已知研究都表明，你在“调研”阶段停留的时间越长，最终的结果就会越好。

那么，你的问题已经使潜在客户的注意力集中在你有解决方案而客户正面临的一两个问题上面了。但你仍然处于“卖家对买家”的模式中，到目前为止，是你在掌控局面。现在是时候让客户在你展示你的解决方案之前感到更有控制权了。你将让客户开心、快乐、欢笑、高兴极了！

直到现在，你的问题（虽然这些问题更像是聊天）顶多可以说有“平淡乏味”的，有“令人不快”的，有“还能有多坏”的。因此，你将要转变语气，遵照说服的第二个事实，使客户要求你给出解决方案，并且要学到最后一类问题：转变性问题。

转变性问题

“笑脸”是转变性问题的标志。直到目前，你的目标仍是使客户思考与你的产品和服务能够解决的问题联系在一起的所有麻烦和让人担忧的事。你通过平淡的“开局性问题”到“烦恼性问题”再到“暗示性问题”，一步步地“制造痛苦”。用“表情图标”来表示这个价值建立的过程应该是图 3-2 这样的。

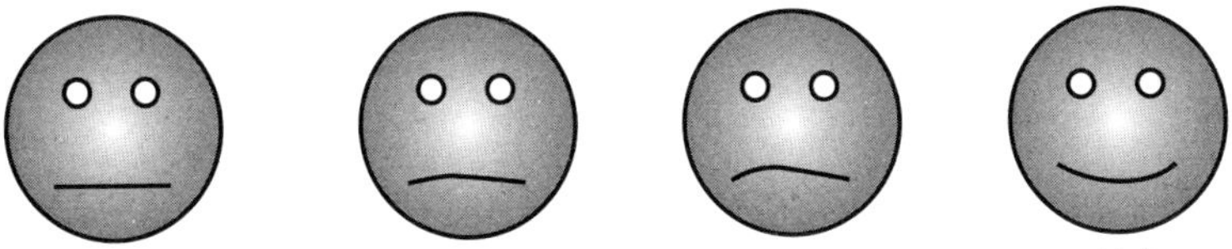

图 3-2　表情图标：价值建立过程

既然我们已经一路向客户展示了“绝望的价值”，现在是给他们展示光明的时候了！或者至少让他们看到可能的出路。

当你使用转变性问题时，你就已经开始鼓励客户自己说出前进的方向了。在会议中，你提出问题的基调是鼓励客户去想事情能变得多好，这是第一次。所有的其他问题都是关于难题和烦恼的，现在你可以让你的潜在客户去思考采用你的解决方案能获得的好结果了。

- “潜在客户先生，我现在对你的业务运营及你面对的一些问题有更好的建议。你能不能简要告诉我，如果我能解决你提到的‘速度’和‘准确性’这两个主要问题，会对你有哪些帮助？”
- “潜在客户女士，你的集中供热锅炉持续出故障显然给你造成了麻烦，并且也产生了昂贵的费用。如果我能针对你所描述的问题提供一个完美的解决方案，那会是什么样的呢？”
- “那么在理想情况下，经过三个月成功的销售培训项目后，你的销售团队将发生哪些目前没有实现的变化？”
- “好的……谢谢你详细说明目前的情形。那么，根据这些事实……你对更换 IT 系统有哪些选择标准……你会怎么衡量这些标准呢？”

你注意到了吗？所有这些转变性问题调查的不再是表面性的烦恼，也不是未处理问题隐含的暗示。与之相反，专业销售人员请（鼓励）客户来说明针对这些问题（如果确实存在问题）的解决方案将使事情如何变好。直到现在，销售人员提的问题都集中于他能提供解决方案的领域，这也是客户关注的领域。

一切又回到了苏格拉底的思想。这都只是理论吗？客户真的想被留在一种期待的悬念状态里？这在现实中奏效吗？“对”、“可能”或者“确实是”。

如果你曾经看过一个小丑为了逗笑作为观众的小朋友而正要把蛋奶冻扔到另一个小丑脸上，你就会注意到，“蛋奶冻扔到脸上”这个节点并不是最好笑的。对孩子来说，好笑之处都在和小丑互动的期待里。小丑会在孩子们面前溜达长达一分钟，来寻求孩子们对他扔蛋奶冻到那个毫不知情的同伴脸上的支持，“孩子们，我该……（孩子们会大声鼓励他）我该……（孩子们尖叫着站起来）我该扔吗？”（孩子们齐声呼喊“扔！……扔！”）最后蛋奶冻扔出去的时刻反而是高潮的结束。

你有没有看过卫星电视台和有线电视频道上的电视购物广告，比如“神奇蔬菜削皮器”和“奇妙地毯清扫器”这类产品？如果你曾经很早起床，你多半看到过。这类广告非常赚钱。下次你再早起时，可以留心看看这些赚钱机器。你会发现一件事：广告节目会在尽量长的时间里不告诉你价格。它们谈论你面临的所有问题，但不提到产品。它们展示出你的厨房变得多乱（或可能变得多乱……即使现在不乱很快也会乱的）。它们把烟灰、粉末、面粉和泥巴撒到地毯上再踩进去，使电视观众同意这真是个噩梦（如果这还没有发生，很快就会发生的）。最后它们展示了产品……奇迹出现了！……但是产品卖多少钱？多少？（还没到时候……还没到时候……我们想给你展示更多的噩梦）只有当你完全被噩梦吓呆了时，它们最终才会告诉你……“只要付3笔29.99美元！现在就订购，免得将来后悔。请拨打屏幕上的电话……立即行动！”

全世界运营全国性和地域性彩票的人都分析过买彩票的人的行为。他们发现买彩票的人在选自己的号码和买彩票的时刻能达到“快乐”的顶峰。期待值达到顶峰的时刻——离“开奖”还有几个小时或几天时是最好的时刻。随着开奖时刻临近，快乐的心情和信心都会逐渐降低。宣布获奖号码的时刻是最不乐观的时刻。

有一个关于哲学家苏格拉底的广为流传的故事。有一天，一个年轻人在集市上走近他。“大师，”年轻人说，“您什么时候能收我做学生？”

苏格拉底什么也没说，而是把年轻人领到河边，带他下水，把他的头按进水里，然后把脚踩上去。过了大约 15 秒，年轻人开始难受，但苏格拉底的脚仍然用力踩着他。过了 30 秒，年轻人开始惊慌并扭动起来，但苏格拉底的脚仍然牢牢踩着他。又过了 15 秒，年轻人使劲挣扎起来，显然急需呼吸到救命的空气。又过了几秒，睿智的苏格拉底才俯下身去，一把将年轻人的头拉出水面，让他在近一分钟之后喘上了第一口气。

年轻人一边喘着粗气，平复自己，一边自然而然地向苏格拉底提出他脑海中浮现的问题：“你为什么要这么做？！”

苏格拉底答道：“因为只有当你对知识的渴求就像几分钟前你对空气的渴求那么迫切时，我才会收你做学生。”

这就是高效的销售之道。

如果你想把自己的产品“卖个好价钱”，你就必须首先使你的潜在客户对你的解决方案充满深切的渴求。你能把他们对解决方案的渴望延续越久，同时仍然谈论并思考面临的问题，他们的“欲望”和“需求”就会变得越强。而“需求”和“欲望”越强烈，客户在自己头脑中构建的价值就越大。

当你“销售”时，你是在促使你的客户思考他们本来不愿意去想的“问题”，或者只是他们到目前为止还没想到的问题。而在你出现以前，他们很可能像个普通人一样过着“还行的一天”。所以，你闲聊提出的问题使他们想到了自身遇到的难题……他们忍不住会去想。

问题总是能完全掌控我们大脑意识的聚焦能力。一旦触发了这种思考过程，你就能（最终）激发出对解决方案的渴求。

如果我们用下面的图 3–3 来表示普通人的一天，“+10”代表非常愉快的一天，“-10”代表焦虑绝望的一天，那么销售的“自我说服”过程就会变得更清晰一点儿。

你可以看到，一个普通人（“X”，在这里也就是你的潜在客户）正过着略微超过平均水平的“还行的一天”——比普通稍好一点儿……的确没什么好抱怨的，也就是在我的这个简图上比“0”线高那么一点儿。

首先，有一个普通的业余销售人员来找潜在客户，在提出几个草率的问题后就开始他的提案或演示。客户觉得有点儿兴趣，

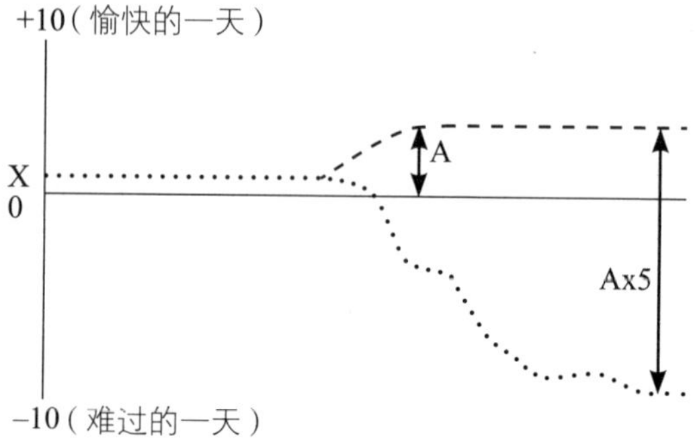

图 3-3　普通人的一天：销售“自我说服”过程

并意识到这个提议可能有些价值。这使得他们对这一天的感受有所提升（在这场普普通通的销售会议上，客户头脑中产生的价值由字母“A”来代表）。在会议最后，客户让销售人员留下说明材料并说“再联系”。他们可能会再联系……当他们有时间时……可能很快……也许吧。业余销售人员以为自己已经竭尽所能，现在就看天意了。其实并非如此。

而训练有素的专业销售人员在遇到同一个潜在客户时，会提出“烦恼性问题”，然后是“转变性问题”。这会起到完全不一样的效果。这些问题使客户去思考遇到的难题，以及这些难题产生的连锁反应。

客户会忍不住去思考这些难题，因为他们在回答问题，谈论问题。他们在潜意识深处开始将“还行的一天”从“不好不坏的一天”下移到“-5”……或者更低的水平。

然而，销售人员最终把踩在潜在客户头上的脚挪开，可能是在当天，也可能是在几次会议之后，此时解决方案的价值（也就相当于上面故事中的氧气）由简图中的“A×5”表示，甚至更多。换句话说，客户头脑中意识到的价值要大得多。

所以，客户感兴趣的是……

- 椅子制造商的唯一价值在于……
- 一家银行的唯一价值在于……
- 一家超市的唯一价值在于……
- 一个汽车制造商的唯一价值在于……
- 一个建筑商的唯一价值在于……
- 一家软件公司的唯一价值在于……
- 一家酒店的唯一价值在于……
- 一家出版社的唯一价值在于……
- 一个服装制造商的唯一价值在于……
- 一个牙医的唯一价值在于……
- 一家电视台的唯一价值在于……
- 一份报纸的唯一价值在于……
- 一个网站的唯一价值在于……
- 一台打印机的唯一价值在于……

- 你的产品或服务的唯一价值在于……

其实，这一切的价值都在于它们解决问题的能力。

因此，要想卖出你的产品，你要使潜在客户在你展示自己的解决方案之前（多）思考遇到的问题。

最后一点

有没有你的产品，客户都能过得相当好。

对，他们会过着完全没问题的生活……无论如何！

所以，你如果不想被打倒，就认清现实吧。

第四章

特性、优势和效益

一个谨慎周到的问题就是智慧的一半。

——弗朗西斯·培根（Francis Bacon）（1561—1626），哲学家，英格兰大法官

“这太不公平了。他们应该对我们的各个方面都感兴趣。好吧，我不在乎……我们拼命地做这单业务，他们必须得好好听我们说！”

我再重申一遍本书已经说明过的观点：你的大部分客户都不怎么在乎你的产品或服务，他们只想知道这些产品和服务能为他们带来什么。他们想知道这些产品和服务能怎样解决某些问题，消除某种烦恼或帮助他们达成一些商业或职业上的目标。但业余销售人员往往过于关注自己公司或产品的过人之处。他们谈论公司的历史多么悠久（谁在乎呢？），宣布新开了一家分公司是多么让人开心（那又怎么样呢？），能够提供 24 小时服务（上百个竞争对手也能做到啊），定期发送业务资讯（多无趣）或者参加了所有的展销会（对，是这样！），可是每次他们都忘了把这些“特性”转化成客户购买的真正动机。

要想提出能让客户说服自己的问题，你现在需要“思考”一下你销售的到底是什么。我会再次帮助你。任何一个老套的问题都做不到，你的问题必须涉及你的产品或服务的各个方面。要想提出有说服力的问题，你必须对你销售的每个产品或服务的三个方面有详尽的了解。我把这三方面称为特性、优势和效益（Feature, Advantage and Benefit，简称 FAB）。

什么是特性

特性就是你的产品或服务的目的、一个显而易见的事实以及可见的特征。无论潜在客户买还是不买，产品或服务的这种特性都不会改变。比如，你计划中的展会的特性可能包括能容纳 200 个展台的场地、五个分会场以及三天内接待 3 500 个访客；你印制的业务资讯的特性可能包括有 32 页、彩色的封面以及宾果游戏回复卡；你的建筑公司的特性可能是已经做出的报价不会随行情改变。

特性就是你做出的声明，比如“24 小时营业”“覆盖全国”“我们是一家培训公司”“我们是这个领域的专家”“我们的服务是专为你的要求而定制的”。

什么是优势

优势就是特性能够做到的并且能为你的潜在客户提供的服务。要想把一个特性变成一项优势，你可以想象你刚刚对客户讲了产品特性后，客户相当简短地问道：“那又怎么样呢？”一项优势就是你对这个问题做出的回答。例如，在展会上拥有分会场的优势在于能够吸引优质的与会者来你的展台，而像宾果游戏回复卡这类东西的优势在于能让你的客户更容易做出回复。

大多数客户在被称为“4P”[power（权力），profit（利润），prestige（威望）和 pleasure（愉悦）] 的领域寻求解决方案，所以你在回答“那又怎样”这个问题时，确保能够直接或者暗示性地说明其中之一将是明智之举。

驱动力：4P

power（权力）

与控制事件、人员、金钱、市场或东西有关的任何事物。为了领先竞争对手，较早采用新理念的人通常会强调这一点。很多非常富有的人不会为钱动心，因为他们已经拥有了他们需要的一切。他们通过购买你的产品或采用你的理念能够赚到的钱是第二位的，金钱不如他们可能获得的优于其竞争对手的权力重要。对很多富有且强大的人来说，仅仅赢了对手是不够的，还得在事后给对手打电话，提醒对手他们输了。权力是很多成功人士的兴奋点。

profit（利润）

利润动机无非就是赚到钱或降低成本。如果你想到的某个特性能够解决金钱领域的一个问题，那你就写下来。我经常听人说，不管你卖什么，都跟钱有关，但其实并非如此。还要记得，一个特性也许能够解决不止一个“4P”的问题，所以你要把这些都写下来。

prestige（威望）

为什么有人喜欢开“宝马 mini”，有人喜欢开“劳斯莱斯”？为什么有人坐“头等舱”，有人坐“经济舱”？为什么我的孩子不愿意去某个连锁超市买东西，而总是去一家更贵的超市呢？所有这些情况的最终结果都是一样的：不管开什么车都能从 A 地到达 B 地；无论坐在飞机头部还是尾部，乘客都会在相同的时间抵达同一个度假胜地；两家连锁超市里销售的食物品牌基本上都一样。那人各有偏好又是怎么回事呢？就是因为威望动机。你的产品是否具有某种内在特性，能够解决一个可能存在的威望或自尊方面的需求？请写下来。

pleasure（愉悦）

这可能是所有驱动力中最基本的一个了。其中包括易用性、简便性、可得性、手感、触感、印象、气味、性感、美感、艺术性以及舒缓的声音，此外还有外观、颜色、吸引力和味道。如果你的产品特性能解决和愉悦有关的任何潜在问题，那你就把这些记在相应的特性旁边。

什么是效益

但这些还不是全部。优势就是潜在的效益，而效益是你为自己的所有客户提供的最重要的东西。效益是优势带来的回报，或为这个潜在客户提供的价值或解决的具体问题。某种意义上讲，效益就是解决方案。

你要把所有的效益想象成为某个潜在客户提供优势所形成的价值。因此，它是由你的潜在客户的目标和问题来决定的。

你正在销售的同一种产品或服务，可能为面临不同的待解决问题的潜在客户提供不同的效益。如果你的公司业务是组织展会和商务会议，那么你公司的特性对不同的人可能有不同的意义。对于某个参展的客户来说，人流量大的热闹场所也许正是他们推介新机器所需要的良机。另一个客户想要参会，可能是为了与展会上的其他参展商取得联系。而第三个客户可能把这当作一个让公司新员工熟悉整个行业的机会。专业销售人员总是能把其产品和服务的特性与优势同潜在客户的目标联系起来，以便让客户清晰地了解借此能获得的效益。销售人员要做到这点，就要事先对其可能提供解决方案的领域加以了解并准备可以提出的问题。

还要记得，一项效益可能不是显而易见的。专业销售人员会力图在传递销售信息时把产品特性转化为优势再转化为效益。比如，你可能会说："我们的培训论坛的特性之一是参会代表每人要花 99 美元进入展厅并参观整个展览。其优势就在于这些人都是真正想了解你在这个特定市场上提供哪些产品及你所服务的客户都是谁，你会从中获益，因为你向他们销售产品将变得更容易。"

由于同一个特性可能为不同的潜在客户提供不同的效益，专业销售人员会在推介演示中只讲那些能为这个特定客户提供明确优势的产品特性："与会者必须支付 99 美元才能进入展厅。这样做的优势在于，能把人流量控制在一个可接受的范围内。对你的员工的效益就是他们有时间深入了解每个来访者，而不仅仅是对着一群人发传单。"

在开始销售任何新东西之前，你都要做一件事。拿一张 A4 纸，竖着放在你面前，从上到下划两条线，把纸分为三等栏。第一栏标题写上"特性"，并列出你的产品或服务的十项最主要的特性。第二栏标题写上"优势"，并为每个特性列出几项优势。在第三栏，针对你打算联系的不同类型的潜在客户，列出每项优势可能带来的效益。无论你卖什么，你的推介演示都要自然有序地按照纸上列的条目走，让你的潜在客户更容易做出购买决定。

这是一种方式……你想知道如何才能让它发挥更大作用吗？

那就是，让客户自己说出能得到的效益。你知道产品的优势，但是你的烦恼性问题（见第三章）事实上会让客户思考其面临的明确问题。

这总让我想起美国的一个叫《险境》（*Jeopardy*）的益智电视节目，节目中的参赛者会被告知答案，例如“五角大楼”，然后参赛者就要想：“如果答案是这个，那么问题可能是什么呢？……美国国防部的总部叫什么？”

对专业销售人员来说，优势就是你的“答案”。所以，你要以这些优势为基础来构建具体的“烦恼性问题”。比如，如果答案是“我们提供24小时安保服务，因此你不必担心半夜遭劫”，那么你的烦恼性问题可能是“过去半年内这个地区发生多起入室抢劫，你对此感到担心吗”。

我们来回顾一下，特性就是你的公司、产品或服务是什么或做什么（比如这辆车的每个保险杠上都有超声波倒车雷达，还有电子助力转向装置）。效益就是特性能为你的客户做什么（相应地，前述的汽车特性能帮你在狭小的地方停车，而不必担心剐蹭）。

从20世纪初开始，这就是成功销售的一条颠扑不破的原则，你的特性卖不出去，但特性中带有的效益（解决方案）能卖出去。要想把自己从业余销售人员提升到专业级别，你就必须在你所有的销售演示和所有与客户的交谈中贯彻这个原则。你的销售传单、手册、折页、信件和广告也都要如此。你越多说明你的业务或具体产品能够帮助潜在客户解决哪些问题或“需求”，你就能越充分地展示出效益，你的销售业绩就会越好。

的确，有些客户想要知道你的产品和服务有哪些特性，以便确定你的报价中包含哪些项目，但你的产品能提供的效益才是真正能让你将它们销售出去的最大卖点。

你必须使产品的每一个特性都变成一种实实在在的效益，一个能够解决客户问题或满足“需求”的最终结果。

那又怎么样呢？这对我有什么用？（优势“黑洞”）我想请你永远记得站在客户的角度考虑问题，并自问“这对我有什么用？”那又如何？……就算你想卖给我的笔记本有867兆赫的处理器、256兆内存、20英寸显示屏和内置蓝牙设备，它能为我解决什么问题呢？

不要掉入这个常见的只把特性变成优势的黑洞——一个产品或服务有可能如何得到使用或有可能如何帮助潜在客户，或者与竞争者的产品相比如何。这是一种懒惰的销售方式，也意味着你只是个业余销售人员。这些信息对这个客户——就是你现在面对的这个客户有什么意义呢？客户能用它们做什么呢？让你的客户来告诉你。

只有在与客户明确表述出的某种“需求”直接相关时，真实的效益才能成为真正的效益。比如，假设有一台新的割草机，特征为“Qualfast 20马力电动引擎”。“这是市面上最快的割草机”并不是一种效益——这是一个优势。这个产品的效益在于你可以用以往一半的时间修剪完自家的草坪，这样你就有更多的时间欣赏自己的花园了。如果客户已经说过“对，我就是想找个办法来减少我来回推割草机的时间”，那这对客户来说就是一种真实的效益。

很多小型企业的创办就是为了满足一种需要，解决一个具体问题或填补一个市场空白。你能存在的理由就是为你的潜在客户提供明确的效益。

所以别掉入过于热衷表达你“有什么”的黑洞：你的从业时间有多长，你的历史，你的产品的小设计或巴洛克风格的装饰，以及其崭新、独特和革命性的特征。

别关注那些杂七杂八的东西。你的买家关心的只有一件事——这个东西能为我做什么？

你必须考虑FAB。一定要寻找真正的效益。想要准确抓住这些真实的效益，关键在于真正了解客户。要会提烦恼性问题，让客户说出他所关心的关键领域。然后提转变性问题（这本书一直在讲），让客户就像生物需要空气一样需要你的解决方案。如果你能提供的效益符合客户说过的某个具体且明确的需求，那它就会强有力得多。

如果你是公司里的高管人员，那就请你的下属把所有销售和市场材料拿给你。现在就做这件事，你没时间等了——销售是你的公司最重要的事。重新审视这些材料，再想想你那些“公式化”的销售提案。里面是不是充满“我们公司1950年就成立了”这类话？里面是不是有很多第三人称的表述（如客户将赞赏我们的快速服务）？这些是你写的吗？哦，天哪……悄悄把这些都删掉……这根本不是在销售。现在，你怎样把产品的特性和优势转化为效益？

你可能认为这些都只是纸上谈兵的一派胡言，但大部分专业的、成功的且注重销售的公司不这么看，很多大型企业甚至比我这做得更好。上个周日，我找出了一些周末报纸和彩色杂志上的广告（见下文）。我想让你注意看广告3和4的文案是如何向潜在客户提供触手可及的效益的，同时广告1和2只提到了产品特性和优势。

1. O_2 手机的杂志广告

发送视频信息、游戏、下载、音乐、体育、娱乐（所有的特性）尽在 O_2 Active。

2. 飞利浦剃须刀的报纸广告

3个可旋转刀头，每个都有90个全向刀槽（特性），能全方位修剪任何位置任何长度的须发（优势）。刀头可自由浮动，保证贴合脸部轮廓（优势）。双重刀片（特性）可固定每根须发，修剪更准确（优势），还有弹出式修剪器可用于修建鬓角（特性）。

3. 奔驰汽车的杂志广告

SBC 是世界首个电子感应制动系统（特性）。雨天时，SBC 甚至能够通过清洁制动盘表面的雨水保持制动盘干燥（特性）。所有这些措施相结合能够将汽车制动距离减少 3%（优势）。SBC：只比普通制动系统快一瞬间，而车祸往往就发生在一瞬间（效益）。

4. 女士剃刀 Lady Protector 的杂志广告

Lady Protector 是唯一具有拉丝缠绕式刀片（特性）的女士剃刀，保护你不被划伤割伤（优势）。无论你多快刮过腿部或脚腕都不必担心（效益），总能让你留住顺滑的肌肤（效益）。

在专业销售领域，我最崇拜的是尼尔·雷克汉姆，他是《销售巨人》（*SPIN Selling*）一书的作者。他是一位学者，对于销售人员向他人销售产品时什么有用、什么没用进行了严肃认真的研究。他的研究显示，一笔销售的价值越高，产品优势就会变得越无效，而产品效益则变得越有效。由此可见，你越能把你的信息与客户的一个明确的问题联系在一起（比如能避免车祸，想多快剃毛就多快而不必担心“割伤”），效益就越好。

那么，你如何能找出客户的“需求”、“头疼的事”和“问题”呢？你要提问题：去调查客户提到的问题会造成哪些连锁反应、后果和影响。客户在寻找什么样的效益和解决方案呢？你在做的正是大大小小的企业主非常擅长的事——接近客户。

真正的效益

你能用来吸引客户的效益越深入、越明确，你的销售建议就越有力。

当我所在的伦敦马里波恩区的健身俱乐部宣传它们新安装的美国设备（包括跑步机、配重片和负重器械）时，它们只是列出了一些特性。

几周前，它们调整了销售策略，在我家附近的地铁站设了一个促销台，它们的做法变了。它们告诉路过的行人“只要参加它们特别制订的12天锻炼计划”就能“让你获得前所未有的好体型”，这就是把特性转化为了效益。

而当我在展台咨询的时候，其员工给我展示了与我同龄的体型极佳男士的照片，六块腹肌、毫无赘肉，而且都是在不到两周的时间内练成的……嘿！……他们在提供真正的效益！……于是我买了这个健身项目……即使我已经知道他们在做什么！

你能让客户想到并谈论的效益越深入、越“明确”，你成功赢得一笔订单的可能性就越大。不过这只是一方面，另一方面，你谈论产品的特性越多，你的客户就越会只考虑花费。

结　语

你需要花一些时间来建立你的产品或服务的特性、优势和效益。

一旦你做完这些，你就要为每项优势和效益写下一个或几个烦恼性问题。在你告诉你的潜在客户或给他展示你的产品的任何效益之前，至少要设法问出你全部的烦恼性问题。即使到那时，你也必须只向客户展示他表现出兴趣或想要了解的效益。要是你还外加了一大堆效益，你就将引起客户对价格的担心。

最后，你要向客户说明，若不解决通过你的烦恼性问题显示出来的难题，可能造成哪些连锁反应。如果你的客户认为不值得付出这个价钱和精力去解决这些难题，那么你就更有必要对不良的连锁反应加以说明。

第五章

我反对！
（反对无效！）

别太期待窗外的风景！你还想从托基（Torquay）一家旅馆的房间窗户看到什么？是悉尼歌剧院？还是巴比伦的空中花园？或者大群野生动物横穿平原的壮观景象？

——巴兹尔·弗尔蒂（Basil Fawlty），旅馆主，BBC 的喜剧连续剧《弗尔蒂旅馆》（*Fawlty Towers*）（1979）

销售异议是件好事？

20 世纪 70 年代，当我还是一个年轻的培训生和业余销售人员的时候，兰克施乐公司让我懂得对销售有异议是一件好事。在位于伦敦大波特兰街的老施乐培训学校里，培训师们教会我们销售异议实际上隐藏着购买的信号。你在销售过程中，听到越多反对的声音，你离拿下这笔销售就越接近。

哎呀……这是真的。抱歉。

当受到质疑或者面对异议时，一个业余销售人员最自然的反应就是进入防御状态。在工作中，"攻防"（Defend and Attack）行为是业余销售人员的典型标志。"你说太贵了？其实你要是将其与能获得相同结果的其他方式比较，就会发现这个不贵，而且我们公司一向致力于确保我们具有市场竞争力。"现在我们陷入一场争论了。观赏性很强……说服力很差。

不过，现在我有好消息和坏消息要告诉你。

坏消息是，20 世纪 70 年代中期对于哪些方式能说服消费者购买的学术研究表明，你听到的反对意见越多，你能拿下这笔销售的可能性就越小。

好消息是，采用我已经讲过的闲聊式问题进行销售，实际上能够让你听到更少的反对意见。之所以如此，原因在于通过这些问题，你能够在说出自己的解决方案之前了解你的潜在客户对什么感兴趣，对什么不感兴趣。当你准备好最终开始演示你的解决方案时，你就能集中只讲客户感兴趣的方面，而不会涉及很多他们不感兴趣因而提出异议的东西了。

所以这样很不错，对不对？不必处理更多的异议！……呃……不是这样的……不完全是这样——（再一次）抱歉。

销售既是科学（提出问题），也是艺术（在旁观者眼中），所以另一方对情况的认知可能和你并不完全一致。不论你的销售能力多么出色，你都会遇到一些不得不处理的异议。接下来我将会告诉你如何处理这些不同意见。

业余销售人员的认屣心理……丢掉！

在一开始，有一件事我认为你应该避免：陷入“瞬间认屣”模式。“瞬间认屣模式？”你肯定会问：“那是什么意思？”

当你面临一位潜在客户对你的销售提案提出各种质疑时，大多数非销售出身的管理者（就像你这样强硬的、粗线条的、从不废话而且比较成功的管理者）会提出降低价格或提供折扣！

听着！你在听吗？客户的异议往往和价格无关。在对客户最重要的十件事清单上，价格往往排在第五位或第六位。你的客户（就像你自己当客户时一样）想要的是物有所值。如果你在自己所提问题的帮助下能让他们认为此举创造了足够的价值，他们就会支付你要的报酬。

我可以写这么一本书来赚一大笔钱，它只讲如何回答你可能听到的每条销售异议。或许这样的一本书会卖了又卖，但问题是它毫无意义，因为每条销售异议都必须“根据实际情况”来处理。所以，与其列出一大堆典型的异议，还不如让我给你一些有效工具来处理四类典型的异议。

我把它们分别叫作“我们能”“我们不行”“多少钱？”“托词”。

处理典型的销售异议

我们能

你常常会发现，虽然你的提问方式堪称典范，你也相信你已经完全了解了客户的“烦恼”和“需求”，但实际上你的客户并非一直都在听你说话。当你想要敲定一笔销售时，你就遇到了异议。例如，“我们确实需要一个供应商。它不仅能提供浴室设备，偶尔也能提供厨房设备。但你们的服务都是围绕浴室的。我们真的需要一个服务更全面的供应商。”

作为当地扩张最快的浴室和厨房用品的全面供应商的CEO，你简直想对这个客户大喊：“我们前几次会议你是不是没听啊？我问你需不需要厨房设备，你说你不用。现在你又改主意了。我希望你能有个准主意！”

作为一名业余销售人员，你实际上会说出来的可能是：“啊，对，抱歉，我们也能提供厨房设备。我之前应该说得更清楚些。”但是现在，你要升级到专业销售人员了，你要做点儿不一样的，更加强有力的。你要就“我们能”提出一个问题。

“对，你能告诉我你为什么会想到这个问题吗？”

“嗯，我们发现有些客户对我们很满意，在我们安装了浴室设备后，他们希望我们也能为其做厨房……而且我们不想让他们失望。”

“那么要是我们不能提供厨房设备，问题会越来越大吗？”

“对……越来越大。这对我们在中东的客户群尤为重要……我们去年在迪拜做了十个大工程。”

“我明白了，所以能够扩展到这个领域对你们真的很重要，是吧？”

“是的……我们认为明年这个市场会增长大约20%，并预测后年增长 25%。这个市场正变得非常重要。”

看见发生什么了吗？你正在使你的客户思考并说出你提案中有什么明显的缺陷，而在这个领域你能补救。客户只是还不知道而已。你刚刚提出了一个转变性问题，现在经过你的有效积累，最终你要展示你的解决方案了。

“潜在客户先生，既然现在对你来说厨房设备很明显变得至少和浴室设备同样重要，你肯定会很高兴听说我们也提供全套厨房设备及服务，并拥有全部主要制造商的支持。因此，如果你和我们合作，那么我们也有能力满足你在这个领域的需要。”

所以，当一个客户对你在某个“你能”提供解决方案的领域提出质疑时，你要停下来，在你说出解决方案之前先提问题。

我们不行

世界上没有完美的产品，也没有完美的服务。哪里都存在漏洞，你的提案里也有。并没有一根让你一挥手就能使一切圆满的魔杖。当一个潜在客户对一个普通业余销售人员说他的产品在某方面存在缺陷时，销售人员的第一反应往往是跑回公司，想办法做出改进、重新开发或修改提案设计来适应客户的要求。这样做往往要花费时间、精力和金钱。而且，等到销售人员带着修改后的方案回到客户那儿时，情况又发生变化了。那些要求并不那么急迫，而且客户已经找到了另一个供应商。因此，当客户对你的产品或服务确实存在缺陷的某个领域提出异议时，你处理的最好方式是做到“AIM”：承认（acknowledge）、分隔（isolate）和最小化（minimize）。

你永远不要说假话。

- 首先，你要承认客户的担心属实。
- 其次，你要把客户的异议分隔开。
- 最后，你要提醒客户他们已经告诉过你他们欣赏你目前产品的哪些方面，通过这种方式来使客户异议的影响最小化。产品的效益通常会比个别的缺陷更有价值。

“潜在客户先生，我完全理解我们在新加坡没有常驻办事处对你造成的困扰（承认）……这是不是你现在担心的唯一问题？”（分隔）

“对……只是出于验证我的理解是否全面，我们能不能再总结一下你说过的沃莫（Warmo）锅炉能为你的设施提供的所有效益。（最小化）你说过，你欣赏的最重要的一点就是沃莫的可靠性，而且你问过其他客户，他们都对这个方面特别满意。你还说过，免费保险是一个大优点，因为你在别的地方付过六位数的保险费。还有内置的电动小车，让设备易于移动，能够避免你通常会遇到的延迟问题。当然，我同意在新加坡有常驻办事处能够增加优势，但我们在当地的代理商也能为你提供你所需要的高水平服务，这一点已经被我们在当地的其他20个客户验证过了。”

“那现在……目前只剩一件事需要我们达成一致了……”

注意：你可以把最后这个例子和第七章末尾列出的温斯顿·丘吉尔评估表联系在一起。

多少钱

事实是：价格总是会引发异议。无论你的产品价格低廉还是昂贵，总会有人对你说你的产品“太贵了”。这就是现实。如果你的客户很快就同意成交，脸上还带着笑容——“太好了！”——那么你的价格可能太便宜了。

第七章也概括了如何处理“驱动者”人格（粗暴、强硬、电视剧里那种叱咤街头的霸王型人格）提出的价格异议。这可能算是一个特例，因为“驱动者”可能只占你遇到的买家中的10%。其他90%客户在这个行业可不只是“为了好玩”和“保持竞争力”（像很多驱动者那样），因此他们更愿意倾听那些能提供价值的充满自信的讲述。

你可以用来处理价格异议的技巧多种多样，这些技巧能够对付大部分潜在客户，包括“对”“震惊”“廉价”“比较”“分解”。

处理价格异议的技巧

“对”

（自信地微笑）“对，这个产品确实贵。我告诉你为什么……”现在总结一遍客户告诉过你的那些对他很重要的产品效益和优势。不要多说其他任何东西，否则客户会要求你砍掉那些功能并提供折扣。一旦做完这步，你就可以直接进入结论：“那现在需要我们讨论的唯一一件事就是这款 LCD（液晶显示屏）电视或等离子电视对你来说是不是最好的……你觉得呢？”

“震惊”

“震惊”是一种很棒的战术——可能是我自己最喜欢的战术了。

“埃瑟林顿先生，你这个会议的费用好像很高啊。太贵了！”（你必须多练习——是的，不要笑——看上去真的很吃惊。）“贵？！潜在客户先生，你这么说让我很震惊。以前从没有人说我们的费用太高。你能告诉我你为什么这么认为吗？”

你这样就迫使客户必须证明他的反对意见有道理。他往往会说：“对……我们也了解了你的几个竞争对手，比如‘其他咨询公司’（Other Consultancy）及‘汤姆和迪克代理公司’（Tom and Dick Agency），你的费用比通常的高出大约 20%。”“对，那些也是很好的公司。当然对于我们公司，除了它们能提供的基础服务，你还要求我们提供……（这时要拿出他之前在调查阶段说过并显示出来的真正需要的效益和优势）因此从总体包含的服务内容来看，这个费用还不合理吗？”

要是你的潜在客户仍然对你的价格“颇有微词”，你还可以从“廉价”和“比较”这两项中择一使用。你可以加上技巧三：“廉价”。

“廉价”

“廉价”是对你的潜在客户提出的购买服务的理由进行直接挑战。你要拉长了脸严肃地说：“很抱歉，潜在客户先生，我们肯定不是最廉价的供应商，但我们是最好的。如果价格是你的主要考虑因素，那么我真的没办法。我可以告诉你几家在这一领域的高端市场比我们廉价的公司。你想要吗？”大多数人并不喜欢自己的东西被别人认为“廉价”。

因为我常常这么做，所以我可以告诉你，我的客户往往会说：“哦……哈哈……别这样！哈哈……我们也不是一家‘廉价’的公司，只不过我们在这种事上都有个预算。咱们再看看我们都需要什么。”

然后他们会重新审视——在我的帮助和提示下——所有他们曾告

诉我对他们来说非常重要的效益。多半情况下，客户虽然会发点儿小牢骚，但我们会按照原本的价格达成交易。偶尔，客户仍然不满意，不愿意继续下一步。这种时候我通常会对他们说："好吧，你赢了……你能不能告诉我，你觉得像我们这样的服务应该收多少钱呢？"

上次我采用这种技巧是因为，一个客户对我在布拉格组织的一次定制培训会不满意。那次培训会很成功，但是当他接到付款发票，将所有"额外"费用加起来时看到总金额相当"出乎意料"。原来他只是没注意控制自己的花销。于是他给我打电话，告诉我这比他预期的金额高了一倍。

虽然我本可以直接怼回去——我们签了合同——但我的确更看重我们的长期关系，而不只是这一次合作。

"好吧，詹姆斯，"我说，"你能不能告诉我你觉得应该多少钱？""哦，现在你让我为难了，鲍勃！这不公平。""好吧，你觉得值多少钱？"

他想了一会儿……然后提出了一个我们发票金额 90% 的价格。"那就这样吧，詹姆斯。"我说，"前提是你再和我们签一份合同，未来 12 个月内让我们再帮你组织一次为期 30 天的培训项目。"结果就这么定了。

而且……我该怎么说呢？在接下来的12个月里，我们很容易使我们的最低每日费用比之前所有项目的都高（包括布拉格那次），而且客户在讨价还价中没丢面子。这就是结果！

另一个处理“价格”异议的方法是做“比较”。

“比较”

如果你的客户还是对你的价格“说三道四”，那你可以采用一个速战速决的技巧，就是对他们说：“太贵了？……我很吃惊。但是……你能告诉我们你把我们跟谁比吗？”然后潜在客户就被迫说出几个你所在领域中的其他公司的名字……或者胡扯。“对……好……我们和好几家公司谈过，它们都比你报价低。”“你能告诉我具体的公司名字吗？”“呃……行……无花果树有限公司（FigTree Ltd.），我们给它们打的电话……还有玫瑰丛公司（Rosebush and Co.）。”

你应该熟知你的竞争对手都有哪些——因为这可是你身处的市场——这样你就知道如何回应了。如果这些是低端竞争者，你可以说：“这很有意思，所以你是说无花果树有限公司能提供完全灵活的合约，没有取消费，是你要的完全定制的产品，而且价格比我们便宜？”如果你熟悉无花果树有限公司，你就会知道它们不可能以比你的报价更便宜的价格提供所有这些。这时，潜在客户将不得不撒谎、虚张声势或对你说“的确如此”。实际上，你一离开它们的办公室，它们就得去确认自己的信息是否准确。

坐下别动。在 80% 的这类情况下，你最终会拿到订单的。

另一方面，如果他们说的这些竞争者名字属于“劳斯莱斯”（Rolls Royce）级别的高端市场（在你所处的市场地位之上），你大可放心，他们的价格只会比你的报价高。

永远、永远不要当着你的客户批评你的竞争对手。

在这种情况下，你可以说：“对，玫瑰丛公司真是一家很不错的公司……行业顶尖的。它们比我们收费还低？是包括全套服务的，还是它们只能提供通常那种标准化的非定制服务包？”“呃……我们要求它们定制服务了。”“它们定制没有额外收费吗？（你知道它们做定制服务一定会额外收费）那这可划算了，它们可能没把通常报价中出差期间的费用加进去（你知道它们一定会用出差期间的咨询费‘狠敲’客户一笔的），对不对？”“我得确认一下……你是说你的费用里这些都包含了？”客户是你的了！

不要说瞎话……只需针对你所知道的竞争对手可能比较弱的地方多提问题，你就会稳操胜券！

“分解”

“分解”法更适合于服务供应商。要是一项服务是以年为时间单位提供的，但是供应商却要用户“预付”全部费用，这往往会让客户望而却步。

我曾为全球通信机构路透社销售实时财经信息服务很多年。这项服务的最终用户主要是银行交易员，他们每分钟都会处理数百万美元的外汇兑换交易。我们的服务可不便宜……事实上非常贵！购买决策者会对每个终端每月 1 000 英镑的收费望而却步，因为不难算出每年每个交易员要花 12 000 英镑，而每个交易室里有 100 个交易员！那就是每年 1 200 000 英镑（那还是在 20 世纪 80 年代，我写这本书的四分之一个世纪以前）。

当他们犹豫不决时（他们当然会犹豫），我发现处理这个问题最好的方法就是分解为小的部分，我会说：“嗯，我同意这看上去是一大笔钱。不过要是你按每个月平均 20 个工作日来算，每天就只花 50 英镑了。也就是一上午 25 英镑，或者上午茶歇之前 12.5 英镑。我敢肯定，每个交易员在上午 8:45 到 10:00 之间，都能给你的银行赚不止 12.5 英镑吧……是不是？”在 20 世纪 80 年代那些令人激动的日子里，每个交易员在一上午的交易中都预计能赚 1 000 英镑。所以这种数学计算就很明显了。结果通常是客户不好意思地一笑，然后乖乖地在合同上签字。

> 我在销售我的培训服务时也会得到这样的反应。总是会有潜在客户说："一个培训师……一天就要 3 000 英镑？那就是……就是……一周就要 15 000 英镑！"如果你问这个客户，那十个参加培训项目的销售人员每一个在接下来一年中的销售盈利目标是多少，那往往是数万英镑的概念。再乘以培训室里的十个人，马上就要上百万了！比较之下，15 000 英镑就不值一提了。
>
> 因此，我仍然能拿到 80% 自己经手的订单。
>
> 请注意再听一次。
>
> 这就是我在做的事。我已经五十多岁了，我还在做这些。
>
> 只有那些不这么做的人才会对我说这些技巧"老土"，不管用……而且他们连试都不试一下。

托 词

有时（比你应该经历的多得多）你会发现自己遇到了一位闪烁其词的潜在客户。这个人对购买你的产品表现出极大的兴趣，但总是没完没了地提出无法下决定的理由。你用尽了你能想到的能够最小化和消除常见异议的所有技巧，但仍然有"谈不拢的"细节，比如价格、合同的期限或产品尺寸（太大，太小）等。这往往就是该向你介绍"如果……那么"技巧的时候了。"如果……

那么”这个方法会“假设性地”排除一个非决策人员可能想隐藏在其背后的烟幕弹问题。

我们假设，这个问题实际上就是你的潜在客户认为你的报价过高。若使用“如果……那么”技巧，你可以说：“潜在客户先生，很明显价格现在是个问题。如果我能给你想办法克服这个障碍，那么你能推进这个项目吗？”

这么做的要旨在于，一个之前无法逾越的障碍行将消失，通常就足够激励你的潜在客户行动起来了。如果他是个“冒牌货”（不能做出最终决定的人），那么他往往会找出另一个目前为止还没被提过的异议取而代之。如果发生这种情况，为了确认谁才是真正能做决策的人（同时不得罪那个“冒牌货”），最好的回应是“潜在客户先生，既然很明显我们还有一些问题需要解决，你能不能告诉我，还有谁参与做出决定？如果你觉得合适，那我们就可以全都坐下来，一起讨论所有的问题”。

另一方面，如果他们确实是做决定的人，当你说出“如果……那么”时，你会发现他们马上让你进一步详述你的建议。无论如何，你现在都知道了这的确是个问题，而且你找对人了。

结　语

80% 的销售异议，都是因为业余销售人员过多谈论客户并不感兴趣的产品特性和优势而引发的。

我在这一章分析了你可能仍然面临的四类对于销售的异议。

- 我们能。用一串问题来回应客户，以明确困难的重要性。
- 我们不行。用 AIM 来回应：承认问题，分隔问题，把影响最小化。方法是使客户集中精力在所有他们已经表示过很有用的效益上。
- 多少钱？不能放弃并很快给出折扣，业余销售人员总是会这么做。其实，你要充满信心，可以说："对，我们不是最廉价的。"询问客户为什么这么认为；表现出震惊，并要求客户做出解释。把你的价格分解成很小的单位。
- 托词。使用"如果……那么"技巧排除职位低的"决策者"。采用似乎能除去销售障碍的假设情景，常常能迫使烟幕弹消失不见。然后，你就有可能利用这个时机来确定到底谁能够做出决策。

第六章

如何在最差的时代销售

罗伊（Roy），好好说话，她会出来的。

我们已经试过“好好说话”了……现在我们要“强行闯入”了！

——沃尔特 · 马修（Walter Matthau）和李 · 格兰特（Lee Grant），在喜剧电影《酒店套房》（*Plaza Suite*）中的台词

事情不会永远“好好”的。大多数业余销售人员不明白这一点。他们希望自己的客户就像此前做过的一样每年继续购买他们的产品。要是订单不像预期的那样纷至沓来，他们嘴上说“理解”，心里却认为那是一个十足的噩梦。他们希望自己醒来时，一切又都好起来了。然而，即使市场状况再优异，也会有下降周期，而有的下降周期可能会持续很久……这就叫“经济衰退”。衰退和萧条是所有市场都有的现象……包括你所在的市场。

在那些艰难的市场中，大多数非专业销售人员做“销售”都有些勉为其难。他们的第一反应通常就是降价，第二反应就是到处奔走，去见更多的潜在客户。或者他们会要求公司里的专业销售人员为他们做这些事。“销售就是数字游戏。”他们大叫（他们是在某本书里读到这句话的），“你见的客户越多，你能拿到的订单就越多！去见更多的客户！这就是解决方法！”

这种“东奔西跑多做事”的策略在经济繁荣时代是不错的。21 世纪的头几年确实是经济繁荣时期。然而，随着 2007 年金融危机席卷全球，这个策略在之后的几年势必就“不那么奏效了”。

在“方方面面”都发展良好时行之有效的销售策略，在客户对花钱更“谨慎”的较为紧缩的时期就不一定那么好使了。

这些做法不管用

总体来看，在严峻的市场条件下，非专业销售人员更愿意去做如下五件事。

- 降价。
- 迷上了“遐想”和不作为（他们“遐想”天上掉馅饼）。
- 削减广告……做不起广告！
- 增加广告……会有用的！
- 进行更多商业演示，召开更多销售会议。做得越多得到越多。

为什么打折不起作用

大多数非专业销售人员对“价格”非常在意，总是让我大为惊讶。毕竟，如果你是一个男人，你会买最便宜的刮胡刀吗？如果该产品有降价空间，那么你会这样想吗：“嗯……我可以花 5 英镑买吉列（Gillette）剃须刀片，也可以花 1.5 英镑买 12 个金边（Giltedge）剃须刀片。这是一个我没听说过的品牌，但好像跟吉列也差不多。好，那我就买这个，省下 3.5 英镑！”如果你是一位女士，你会买最便宜的长筒袜吗？“那种极薄的密探（Agent Provocateur）长筒袜有点贵，但我想我会买便宜的超市自有品牌长筒袜。那种肯定也不错。干吗多花钱呢？！”

但我合作过的很多公司和非销售管理者确实相信，价格是其市场的主要驱动因素。只要一家公司或其高管层把自己视为与其他人提供类似产品或服务的“商品供应商”，他们就认为在市场严峻时期必须降价，才能获得更多生意。而这些公司常常事后才发现，降价得来的销售增长并不足以弥补它们削减的毛利。

有证据表明，在一些非常低价的市场中，你确实有可能通过降价来应对经济衰退。但是，如果你销售的是宾利（Bentley）汽车，和劳斯莱斯竞争，那就根本不必考虑这个问题。事实上，在萧条时期，奢侈品的销量往往会上升，因为一些有钱人就喜欢在穷亲戚面前“显摆”他们的富有。

但这还不是全部。

通常来说，高端市场上的、价格偏高的“高质量产品及服务”即使在“最差的时期”也会保持高价。这是因为，在市场情况“不确定”时，消费者会寻求“质量”作为抵御“风险”的屏障。当艰难时期的不确定性已经显而易见时，质量往往是“确定的”。人们（你的客户）会付出高价来消除或减少风险。如果客户在“市场良好时期”做出了错误决策，那他也仍有充足的资金来抵消其影响。但如果客户在艰难时期做出了错误决策，那他就可能损失大量真金白银，冲破脆弱的底线，而没有缓冲空间。

最近，我为一家大型国际能源公司做了一份谈判培训项目的报价。该项目有很多定制化的要求，所以最终的报价相对较高。（这家公司是我们很好的老客户，但我们的总体报价实际上要高于“繁荣时期”的报价。）我们就这个项目与那家公司进行了讨价还价，而这个项目是全年各种课程和研讨会项目的一部分。

我们追加的价格是高一些，但还不算太出格。但这个客户的谈判团队强烈要求我们对总体服务给出一个很大的折扣，理由是全球能源市场的不确定性。他们表现得对预测中的“世界性经济衰退”很焦虑，还提到了“尽职调查”，以及如果我们不能对价格“做出让步”，他们会寻找其他备选方案。双方“都很强硬”，而且公平地说，他们也承认我们之前为其提供的服务得到了全世界代理商的高度评价。基于这种一致性的高度好评，我们甚至从客户那儿拿到过一个奖。双方各执己见，他们说七天后给我们回复。

他们做到了。我们收到了一封很长的电子邮件，邮件中说，我们是目前为止他们在欧洲遇到的价格最高的培训公司。信中列举了大量来自一些知名竞争对手的报价——都比我们低。这封信措辞非常讲究，但态度也很坚决。我们耐心地读完了整封信。最后一行的最后一部分才是最有意思的：“……尽管如此，我们接受你们的报价，并期待在接下来的 12 个月里与你们合作。”

几周后，我问客户那边的主要联系人，他们为什么最终还是选择了我们。我原本以为（或者说希望？）他们会说我们有“教科书级别的创意”和“结果导向的”方法，但他告诉我的是“为什么是你的公司？……因为你不会给我们带来麻烦”。换句话说，在不确定的时期，我们对他们而言是风险最小的选择。

如果你销售的产品或服务介于中端到高端市场之间，那么研究显示“削减价格”和提供折扣并不是一个有效的策略。证明你代表安全和低风险才是在艰难的市场环境中不断达成交易的关键。

为什么沉迷于“遐想”和“不作为”不管用

放眼全球市场，我觉得“不作为”以及如查尔斯·狄更斯（Charles Dickens）笔下的米考伯（Micawber）先生那样“等着情况好转”是最受欢迎的做法。当世事变得艰难时，你不妨坐下来，闭上眼，盼望一切坏事都消失。大多数政客总是会告诉我们，萧条时期只是暂时的“紧缩”，美好时代即将到来。问题是很多公司不肯接受事实，而美好时代实际上要花更长的时间才能到来。

在 20 世纪 80 年代股市崩溃期，很多人认为我的老东家路透社会倒闭。路透社曾经并仍然在为全世界的专业交易员和经纪人提供大部分金融资讯和电子交易系统。如果交易减少了，那谁还需要交易系统呢？路透社的很多小众市场的竞争者确实无所行动，很多也确实倒闭了，有的倒闭时距其开业还不到一年。但是在路透社，我们认真思考过。我们认为，在美国淘金热的末期，人们仍然需要铲子。

因此，路透社管理层决定培训销售队伍，让他们去重新培训使用我们服务的所有终端用户，使这些用户了解，在一个正在崩溃的市场上，我们的服务可以用所有方式帮助他们减少损失。我们告诉他们，在他们的终端中已经嵌入了一些不那么常用但有大用途的功能，比如“实时图表”和“套利计算器”可以用来帮助他们在市场上“避险”。所有（好吧，大多数）终端用户开始相信，他们不能没有路透社的服务。当这些客户公司的管理会计师带着笔记本到路透社寻求一些让他们更安心的“衰退期折扣”时，交易员会告诉他们我们是不可或缺的。因此，我们只丢了一小部分生意，而很多客户实际上从我们这儿购买了更多服务。

少做广告也不管用

> 我在广告上花的钱有一半是浪费的。问题是，我不知道是哪一半。
>
> ——约翰·沃纳梅克（John Wanamaker），“百货业之父”，沃纳梅克百货公司创始人，奥美广告创始人

有句老话说，一个女人不可能“有一点儿怀孕”。广告也是如此：你要么决定做广告，要么决定不做广告，总之你不能“要做不做”。

可是，很多管理者在萧条时期为了减少开支，确实会要求削减广告费。与繁荣时期相比，他们削减了广告投放的覆盖面、投放频率和广告时长。但只投放 50% 的广告并不会为他们带来一半的投放效果。怎么可能做到呢？

这就是采用了极端的且毫无意义的少做策略。

多做广告同样不管用

多做策略是另一个极端。

这种策略的认知基础是，在萧条时期支出两倍于繁荣时期的广告费，就会带来两倍的生意！如果你卖的是非常廉价的商品（比如洗涤灵、巧克力条、墨盒等），那么多做广告的确能使销售额增长。但要是你的广告投放目的实际上是让人来电问询，然后一个销售人员（或者你本人）必须去拜访这个客户，那这时多做广告就会有问题了。这种不计成败的数字游戏（见的客户越多生意就越多策略）在繁荣时期可能有一定作用（但很低效），在艰难时期它就不管用了。这在繁荣时期都不能带来成功销售的增长，在萧条时期就完全没用了。

要是你和你的销售团队还没掌握在广告引发的销售会议中应

该使用的那些技巧（本书都有介绍），那你公司的高管层花时间确定广告开支纯属浪费。

业务陷阱也不管用

我实际上是在 20 世纪 70 年代头三年的“衰退期”在伦敦的一个非常破败的地区学会销售兰克施乐复印机的。当时我虽然接受了良好的培训，但还需要业绩来证明自己。于是我四处奔走，把产品小样发给各种各样的人，却没机会向这个破败地区的落魄生意人详细介绍产品质量及其功效。我卖出的产品数量很少，实际上我只完成了目标业绩的 32%。我不知道为什么会这样，我险些就被解雇了。不过，公司让我结识了一位睿智的销售员约翰尼·怀特（Johnny White）并得到了他的帮助，他教我该怎么做，而我也坚持下来了！

但是，在公司管理者的心目中仍然存在一个坚定的信念，认为这只是一个数字游戏。他们真心认为，东奔西走见很多人和销售成功之间存在直接的关联。我记得几年前，一个特别招人喜欢的管理者告诉我，他给他的员工做的所有销售培训就是走上大街，用胳膊肘触碰墙壁，胳膊肘碰不到墙时就说明到了一家店铺的门口，而门后面可能就是一个新客户！

即使是施乐公司也曾在 1970 年告诉我们（在我去之前刚经历了十年繁荣期），要是你每周打 15 个电话能带来三份合约，那么达到每周25个电话的公司目标，你就能带来五份合约！（很有道理！）呢？并不是这样……即使是专家也不得不承认这点。不过，要是你见的人更多，销售成功的概率当然就会更大。

大约在1970年至1972年，我们这些伦敦南部（克罗伊登）施乐分公司的销售人员被“逼迫”着、赶着、监视着和威胁着，以确保我们拨打了每天要求的销售电话数量。这是一条很基本的理论，而且从哪方面看都有道理……可是我们并没有拿到任何生意。这种方式就是不管用。

1972年5月12日　星期五

我比这个分公司里的任何其他人打出的电话都多，但我还是没达到公司要求的目标。我远远落后于业绩最好的人……虽然他们好像比我打的电话还少。这让我意识到，四处乱撞并不是在萧条时期（或繁荣时期）达成销售的奥秘所在。奥秘肯定在于他们在客户面前做了或说了什么。

由于我们都被要求填写业务日志，我就请了一位这儿的经理［他名叫布鲁斯·坎特尔（Bruce Cantle），如果你还在世：布鲁斯你好，谢谢你！］来参加我们克罗伊登保留俱乐部每月例行的销售会议，并由他比较一下业绩最好和最差的人业务率的差异。他对结果大为惊讶，邀请业绩最好的销售人员（在所有人中，他打出的电话最少，业绩却很棒）给大家讲讲销售成功的真正奥秘。这位销售人员说，他对潜在客户所提的问题比其他行为都更有效。也就是我在本书中讲述的提问模式。

所有业绩好的销售人员都同意这个观点，因此我（在 1972 年 5 月 12 日）决定也这么做。我从没后悔过。

在我后来做销售主管和销售员培训师的经历中，在某些情况下，增加业务活动确实带来了更多生意。首要的一点就是，这家公司要雇用与潜在市场容量相比更强大的销售团队。这被称为饱和销售（saturation selling）。

这对快速推出稀罕物——一件真正“独特”并受到追捧的产品相当有效。如果公司有这样的产品，那就能够负担得起一个庞大的销售团队四处奔走去抓住那些绝佳的机会。20 世纪 60 年代中期，施乐公司拥有的第一台（在当时）独一无二的复印机——能在“普通纸张”上复印——就是这种稀罕物之一。但是，只有很少的销售团队能负担得起这种奢侈的办公方式。对大多数公司来说，它们所在的市场是有限的，东奔西走工作“繁忙”，也不太可能获得期望的结果。

另一种情况下，如果你的产品非常廉价，那么会见大量潜在客户或走上大街用胳膊肘蹭墙去感受哪里是门口（门后面可能就是一位客户）则是有效的销售策略。

以我的年纪，还能记得20世纪50年代那位贝特沃瑞（BetterWare）推销员（遍布英国全国的贝特沃瑞公司销售大军中的一员），他每个月都来敲我妈妈家的门。那时英国仍然处在战后配给供应时期，所以居民家里都没什么钱。这些推销员都提着一个手提箱，里面装满了上光剂、掸子、刷子和各种香皂。他们敲响每家每户的门——每个月敲一次。我妈妈似乎在他来时每隔一次就会买点儿东西，然后他很快就离开了。他肯定每个小时都能推销20次，也就是差不多每天100次，每周500次。这个贝特沃瑞推销员总是那么兴高采烈，那么热情洋溢，他肯定工作得相当出色，因为他每天能见到足够多的家庭主妇。但要是这个人同时还得销售吸尘器、电熨斗和吹风机，他每次拜访的时间就得延长，而且这种东西你无法每周都卖出一个。如果他再升级去销售戴森（Dyson）的设备和洗衣机，这种高业务活动策略（high-activity strategy）就会崩溃。

一些非专业销售人员并不清楚，为什么高业务活动策略对昂贵的、复杂的商品市场不管用。“越努力越幸运”是很多总经理在公司的年度销售会议上做“例行”演讲时常带出来的话。但是研究表明，这种策略有很多缺陷，以及相当多隐藏的连锁反应，而且正因为如此，如果某个公司的资深销售人员告诉销售团队要去见更多客户才能走出经济衰退的泥潭，那么该公司的业绩就难有提升。

“业务活动”至上的副作用

把“业务活动”的管理当作灵丹妙药以期带来销售增长，实际上会带来如下一些不良副作用。

大量小额的订单

我喜欢轻松的生活，也许你和我不一样。如果不东奔西走就能取得相同的业绩，甚至更好的业绩，那我也不愿意东奔西走。正如我以前的销售经理（布鲁斯·坎特尔）曾经说过的：“卖出一辆劳斯莱斯就像卖出一辆微型车一样容易。”

但是，当你东奔西走去“见很多人”并把这个作为你的首要目标的话，最终结果往往是更少、更“微不足道”的订单。如果你规定你的销售团队必须去见更多人，那他们很容易快速跑来跑去，去找较小的、低风险同时购买力也小的潜在客户“碰运气”。如果这就是你目前的“萧条期”策略，那这种“规定”的效果微乎其微，毕竟你的销售人员实际上没有拜访较大客户的动力。而这些客户手里还有不少钱，如果你的销售团队（或你本人）给他们展示出能够降低风险或不确定性的方法，他们本可能也将把钱花在你这儿。

如果你目前的业务策略是人人都得出一把力：好，那我们出发吧！每个人每周都要去见五个潜在客户，对其中两个做“演示”，并且每周从中达成一笔销售……这就是我们要衡量的标准。

开始吧！你的销售团队（还有你）将把销售会议室的白板上写的那些数字当作目标……最容易达成那些数字的方法就是你们都会去做的事——找“容易搞定的”小客户。

这样一来，情况会越来越糟。

你的大客户（石油公司、银行、生产商、飞机制造商、国际计算机公司——所有还有钱的知名公司）忽然发现你没什么时间搭理他们了。他们注意到你很显然对他们招待不周。他们不理解这都是你绝地求生的策略，而且他们真的并不在乎这点。人们和大公司只想要两样东西，那就是照顾和关注。

> 人人爱听奉承话……对皇室更要使劲地夸。
>
> ——本杰明·迪斯累里（*Benjamin Disraeli*），维多利亚女王统治时期的英国首相

现场辅导很少

所有管理学的教科书都告诉你［甚至我最喜欢的机场书店读物肯·布兰佳（Ken Blanchard）的《一分钟经理人》（*The One Minute Manager*）也这样说］，优秀管理者管理员工的最有效方式就是“贴身辅导”（coaching）。

我说的“贴身辅导”是你（或你公司的销售管理专家）花时间在现场观察并指导销售人员面见客户时的表现。哪些做法有效在本书中都概括了……尤其是那些关注于提问技巧和作用的。

但要是你或你的销售经理们正在外面东奔西走去见别的“客户”，竭力达成交易，那你们就无法做辅导。在艰难时期，辅导和培训往往不受重视，以保证人人都能出去见更多客户。而研究表明，通过定期辅导来强化有效的反萧条期行为能让销售人员增强信心，能提升士气。因为销售人员（不同寻常地）得到了反馈，知道哪些事他们做对了（很多经理人认为自己的职责是找出他们的员工哪里做错了）。一旦销售人员开始在萧条时期做出正确的行为，其转变就是很迅速的。有钱的大客户开始听到他们想听的话，并感到“受重视”。他们开始订购更多劳斯莱斯，更少微型车，而你付出的努力只少不多。

没用的汇报体系

在 1973 年至 1975 年的萧条时期，我为伦敦东南部的一家公司销售一项餐饮服务。新的销售经理是一个只看重数字的人。对，他迷恋那些数字和汇报体系。他甚至把那些数字做成了销量图表，结果图上的线从顶角向底角斜着……下划。他带着图表来参加销售会议，堆在一块大画板上。那一大堆精心挑选的重要颜色只是证明了我们都没用。他在那次会议上气急败坏并大动肝火……直到有人指出，他给我们看的图表放倒了。

我认为，让销售人员每天向管理层汇报他们做了什么，一点儿问题也没有。电话报告就是一个专业销售主管日常工作的一部分。

只要报告中的信息正确（没拿倒），经过分析整理且仅限于你今天、这周及这个月见了多少个客户，那就没什么坏处。

要是在艰难的市场环境中的一个销售人员被要求花费越来越多的时间汇报他们每天做了什么，那就开始不对劲了。根据我个人的观察，以及和众多美英两国公司及银行中的老销售同事交流，我发现在经济衰退时期，执行汇报制度并保留准确的业务记录的需要确实有所增加。

回头看看 1973 年、1987 年和 1992 年这些市场情况艰难的时期，图 6–1 就汇总了 39 家企业在市场艰难之时对业务汇报的需求是如何增加的。

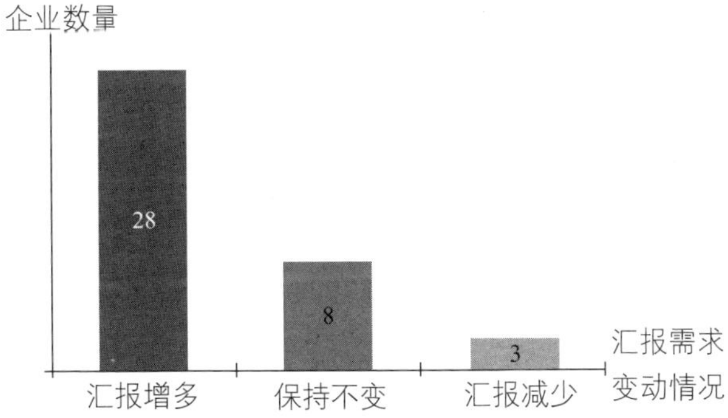

图 6–1　市场艰难时业务汇报需求变动情况

而且和我一样，他们都发现自己要参与（就像那部老约翰·克利斯拍的管理培训视频的标题“当时是谁把这个卖给你的？”一样）更多“会议……烦人的会议”。所有那些会议都是让像我这样的销售管理人员向老板解释为什么销售业绩这么糟糕。

随着情况越来越糟，我在公司总部跟CEO、COO和CIO在一起的时间越来越多（对他们做种种解释，然后他们再解释给总经理听），而现场辅导销售人员的时间越来越少。我1970年的那位最早的销售经理布鲁斯·坎特尔曾经说过，要是一家公司总是把销售人员从销售现场叫回来，向总部的人解释这解释那，那这就不是一个特别健康的地方——就经营有方而言。砍更多的树做成纸张来记录发生的事，而不是想办法做出补救，只会让事情更糟。

强调签约

在上级看来，最显眼的人就是销售经理了，他们往往是管理层唯一能接触到的人，同时达成更多销售的压力也全都压在了他们身上。因此，惊慌失措的销售经理就会东奔西走，试图亲自达成交易。销售经理会对销售团队里的每个人说他会出现在签约会上。（哦，不会吧……不是他……他简直是个噩梦……他上次卖出东西是什么时候了？）管理层的工作只关注销售过程中后期阶段的拜访，也就是销售随时可能“达成”的时候。销售过程最初的阶段被忽视了，而所有的证据表明，一笔销售的起初阶段才是管理层（不仅仅是销售管理层）能对最终结果产生最大影响的阶段。

为什么？……很简单。要是你在销售的起初阶段就没做好，那就不会有签约了。就像你从计算机编程基础培训中听到的，是RIRO（Rubbish In Rubbish Out，意为“输入无用信息，就只能输出无用信息”）在支配所有的事，销售也是如此。开场好，结果就会好，不需要你的帮助（往往如此）。

这个公司的士气“持续低迷”。

——布鲁斯·坎特尔，我1973年在兰克施乐公司的销售经理

在最差的时期什么才能带来销售呢

我已经尽可能简单地阐明了当情况变得艰难时，业余销售人员通常会做出的所有行为。我不是一个学者，所以我希望我的简明解释已经说清楚了为什么根据我的经验前述那些行为并不是特别有效的策略。从销售培训的角度来看，我最成功的客户是那些掌握了三个重要观点并付诸实施的人。

在行动现场进行指导

大喊大叫，给下属发令人不快的、讽刺挖苦的管理记录，或者走来走去，一有机会就和下属击掌并大喊“我们要赢了！”（在我们明显没做到时）都不怎么奏效。作为管理者的你或你的销售经理们需要确保，在所有与客户会面的场景中，销售人员都必须做出正确的、经过验证和研究的行为。如果他们（你的销售团队）都在实行繁荣时期“似乎”奏效的东奔西走策略，那么你在艰难时期就无法得到你所需要的结果。

销售有技巧，不要鲁莽行事

有一个故事，是说一头年幼的雄狮站在一块岩石上，身边是一头老狮王正俯瞰突然出现的一群年轻母狮。“快点儿，”年幼的雄狮兴奋地对老狮子说，“咱们尽快冲下去，和其中一头母狮交配吧。”“不，”狮王说，“咱们慢慢走下去，和所有母狮交配！”

如果你或你的专业销售人员在繁荣时期或艰难时期都没有达成销售，那是因为你或他们做的事不对。虽然你们去见了更多的客户，然而跟客户在一起时做的事却是错的，这并没有什么特别的帮助。你们必须苦练那些已经被证实在面见客户时有效的技巧。

在干燥的跑道上用光滑的轮胎

如果一位“一级方程式”赛车手要开上一段湿滑的赛道，却仍然使用在高温干燥赛道上使用的那种光滑无纹的轮胎，那赛车分分钟就会侧滑，失去控制。同样，在干燥酷热的日子里，赛车手仍然用那种能减少路面接触面积的雨天用深纹轮胎也是很低效的。销售也是如此。在阳光普照时，你不能采用和艰难时期一样的技巧。非常遗憾的是，那么多的公司仍然在以同样咄咄逼人的方式教它们的销售人员，把打电话的数量当作首要目标。

这些追求“业务活动”的方法都是在20世纪60年代不那么成熟的市场中发展出来的，如今已经不适用了。

结　语

当市场情况变得艰难时——所有的市场都会有艰难的时候，有一些事不要做，也有一些事要做。

- 没有证据表明，降低价格能够带来更多生意。
- 没有证据表明，傻坐在那儿“沉迷于遐想”能够带来更多生意。
- 没有证据表明，东奔西走敲更多的门能提升你的业务。
- 没有证据表明，做广告更多或更少能提升你的业务。

最好的做法就是采用本书的方法：做更多的准备；运用你现在了解到的知识在客户的头脑中创造价值；了解你的产品被设计

出来是解决什么问题的，并且让你的潜在客户去思考这件事。如果你是一位高级经理，那就多在销售现场指导下属；如果你不能亲自指导你的销售人员，就要确保你的销售经理们有时间并在你的授意下去更多地指导下属。

第七章

把合同签了

在大部分魔术表演中，魔术师在一开始就变了“戏法”。接下来，魔术师的表演就是为了让观众忘记他做过什么。然后，所谓的奇迹就在最后一刻发生了。

——约瑟夫·邓宁格（Joseph Dunninger），魔术师

我不是一个会告诉你“销售自然而然就会实现”的新时代销售人员。你只要对你的潜在客户说几句话……问几个烦恼性问题……让客户更加苦恼……做一番解说或演示，然后客户就会请求你将产品或服务卖给他们，并愿意接受任何价格。这种情况会发生（有时？偶尔？），其实根本不会发生。

在更普遍的情况下，你需要学会拉着客户的手（这纯粹是一种比喻！），充满自信地把他们带到有蓝天碧草的地方，你的产品或服务正在那儿等着把他们带出困境。

我所建议的方法是，你把销售过程看作一系列的步骤。你不应该仓促召开一次销售会议，除非你事先就能把接下来很多次会议想要实现的具体目标都写在一张纸上。

好消息就是，大部分业余销售人员和没什么经验的销售人员（你的竞争对手）不会这么做。他们此刻以及在销售的其他阶段都沉迷于“遐想”。他们把销售看成旋转着的轮盘赌盘，认为自己有可能得到想要的，也可能得不到。他们“希望”得到幸运女神的眷顾。他们的财富完全听天由命……每次都把命运抛向风中。

听到这儿你有没有一种似曾相识的感觉？你见的人越多，拿到的订单就越多？往墙上扔足够的泥巴，就一定会有一些粘到墙上？停……你在这本好书里什么都没学到吗？我为了告诉你这些“内部消息”，在（销售）这所“硬汉学校”（school of hard knocks）里待了37年。你在销售中掌控的要比在赌轮中得到的更多，只要你利用我即将要展现在你面前的技巧。

你在听吗？人们很难“被说服”，所以你必须让他们自我说服（这就是需要用到提问技巧的地方了）。但是人类的大脑很容易“受影响”，所以这也就是我在接下来几页中要告诉你的。不要听那些告诉你这些不管用的反对者的话……我一直在用这些技巧而且它确实管用……即便是在21世纪！

首先销售的形成看上去是这样的：

第六次会议

- 目标：签订合同。
- 下一步：与相关部门领导开会。

第五次会议

- 目标：消除财务总监的焦虑。

- 下一步：敲定销售。

第四次会议

- 目标：演示提案。
- 下一步：与客户的财务总监讨论。

第三次会议

- 目标：提供解决方案。
- 下一步：演示提案。

第二次会议

- 目标：调查更多存在问题的领域。
- 下一步：提供可能的解决方案。

第一次会议

- 目标：这是不是一次机会？
- 下一步：见客户的老板。

“下一步”模式

在实际销售过程中，你可能要和潜在客户开上十次或二十次甚至更多次会议。但在每个阶段都很重要的是，你必须在头脑中为每次会议制定目标，以及最低限度可接受的“下一步”。令人吃惊的是，那么多的业余销售人员在头脑中对即将到来的会议并没有任何目标或目的，更不用说提前考虑下一次会议了！

之所以要这么做，原因在于做出“决定”对大多数人来说是一件让人担忧的事，让人充满了焦虑。你不相信？那就去汉堡王或麦当劳的餐厅里站在一个人身后排队。等那个人排到了队首……站在柜台前，然后他抬头看服务员上方的灯牌菜单。“我要吃什么呢？我要吃什么呢？真让人烦恼！我本来想吃双层汉堡加薯条和可乐的，可是现在……我不知道。”（他们在排队时就盯着菜单看了五分钟……现在还是不知道！）“我觉得我想要……不……还是要鱼肉汉堡和沙拉吧……或者普通汉堡和薯条……等一下……”

要是服务员那时说“我能提个建议吗？双层汉堡今天特价，配免费薯条和一杯半价的可乐。我建议你优先考虑它们作为你既美味又划算的一餐”，然后大多数西方世界的成年人会很乐意接受这个别人为他们做出的决定。

作为一名自信且显然很专业的销售人员，你的任务是在会议中以闲聊的方式提问题，然后告诉潜在客户下一步应该做什么，并使他们同意这么做。在进行每个“下一步”时，你必须清楚这次会议的目标，以及你能接受的最差的“再下一步”是什么。通常，当我问一个业余销售人员他们约好的一次销售会议有什么目标时，他们会说：“当然是签合约了……呃……如果可能的话。”这也是你的答案吗？这也是你会说的吗？天哪！那么（如果你就是我问到的那些业余销售人员），你和潜在客户的会议90%都会让你非常失望。

销售过程的现实就是，除非你的产品非常廉价，否则很可能需要经历好几个步骤（会议）才能让潜在客户签订合同。要是把“销售”作为一门学问来看，我得说在你所有真实的销售会议中，你只有平均10%的概率能够获得你所寻求的“同意”。人们（你的客户）往往需要时间才能说出“是”。[如果你去看我的另一本书《谈判技巧》(*Negotiating Skill for Virgins*)，你将了解到，让对方等待并花费尽可能长的时间，是顶尖谈判专家的一种有效的策略规划。]

但大多数人同样需要过一段时间才能给你一个彻底的“不”，而你听到潜在客户最终说出一个“不”字的概率也只有10%。

因此就出现了一个有趣的困境。如果客户只在10%的情况下可能对你说“是”，同时也只在10%的情况下对你说“不”……那么在一次普通的客户销售会议结束后的80%情况下，发生了什么呢？

对……就是搁置状态

据一些宗教专家说，在天堂和地狱之间的某处，有个地方叫“地狱边缘”（Limbo）。那里既非此岸亦非彼岸，而是一个等待区域，迷失的灵魂在等待其永恒的命运之际在此徘徊。他们还没被打入地狱，但也没被允许进入天堂。大多数业余销售人员会把80%的时间花在那儿——悬而未决甚至就此被搁置的销售。大多数销售预测就是由几百个这种80%处于搁置状态但又随时可能实现的销售组成的。

从一个业余销售人员主管的角度来看，销售搁置状态是一个时间节点，那时就放弃希望并收工为时过早，然而……合同也还没有签订。用一首歌的歌词来说（略微修改过），客户还没有说是，也没有说不。他们没有说留也没有说走。

能够知道你是不是进入了一个销售搁置状态的方法，就是听听你的潜在客户有没有说出以下这些话。

- 我们很快会联系你。
- 这个提案很棒……我们保持联系。
- 你是个很棒的销售人员……我们会想一想然后联系你。
- 我们很喜欢你说的这些……只是我们得再研究一下数据，然后再联系你。

- 给我们几天讨论一下，然后我会回复你。
- 我们考虑过你的建议书后会给你打电话。
- 我们一定保持联系。
- 给我们几周时间来仔细考虑，然后我会让我的秘书再安排一次会面。
- 这个真是太有意思了……我绝对站在你这边。给我们几天时间，我会联系你。
- 我只需要得到上一级管理层点头，然后我就能让你开展后续工作了。
- 谢谢你回复我们的 RFQ（Request For Quotation document，报价需求文件）。等我们研究了你和其他卖方提交的文件，我们会再联系你。稍后联系……再见。

所有这些愉快、乐观的句子都是你正在进入或已经进入销售搁置状态的标志——一个由彬彬有礼、毫不对抗的人主宰的地方，我肯定这类人占你的客户的大多数（至少他们占我的客户的大多数）。他们不想让你难过或冒险引起冲突，所以他们不会直接说“其实你的产品不适合我们”，或者“谢谢你提交报价，但是我们已经选了别人”。因为他们相信你（以及你从所有无疑十分睿智的销售主管那儿学到的娴熟的反驳异议的技巧）会展开某种巧妙的言语攻势。某种他们想象中的顶尖销售人员学到的文字游戏可能会让他们感到尴尬，并且无法坚持不使用你的公司的决定。因此他们乐意做任何事来避免冲突！

所以他们反过来表现得彬彬有礼……他们会说他们认为你想听的话，比如“你是个很棒的销售人员！”“你们的产品太好了！”“我们很快会给你打电话……我们会打的！”你听到的实际上是变相的“我们还不确定”“我们还没被说服”“我们没有这个产品应该也可以”“我不知道！”这就是彬彬有礼的人说话的方式。

另一方面，你的任务就是摘掉自己业余销售人员的帽子，而戴上自己训练有素的专业销售人员的“学位帽”（mortarboard）。因为你知道，除非你一直能“掌控”情况，否则你的客户对你的解决方案的那种渴望和需求很快就会消散。我来告诉你，要是你在满耳朵有搁置意味的话语的此时就离开会发生什么：一个读过本书的竞争者会趁机把你的生意夺走。或许就是一个像我这样的竞争者。

“下一步”策略

但是今天我是来帮助你的。你现在即将离开“搁置状态”前往永恒之地，你永远不会再回来了。从现在开始，你将总能在销售过程的每一步中很好地掌控如何与每一位客户打交道。你将不再用传统意义上的死缠烂打战术，而是自信、确定且高效的状态。

你将运用强有力的、不可改变的影响力原理之一。这些不是新时代快速致富的普遍法则（如永恒的金钱法则、普遍吸引力法则），而是经过学术研究的，可衡量且可重复的人类行为模式。你即将学到的这条法则被称为“承诺和一致原理”（law of commitment and consistency）。

亚利桑那州立大学的罗伯特·西奥迪尼（Robert Cialdini）教授在他 2003 年的著作《影响力》（*Influence*）中指出，人们会受到六个基本原理的影响去做一些本来抗拒的事。这些原理分别是：“互惠原理”、“权威原理”、“承诺和一致原理”、“社会认同原理”、“稀缺原理”和“喜好原理”。在他的书中，每个原理都佐以丰富的例证来加以描述和说明，我建议你尽快阅读此书。这本书令人陶醉、非常有用，并在某些方面发人深思。然而，我这本书的篇幅只能讲讲这些原理中的一个：承诺和一致原理。

这条原理的基本信条是，如果一个人在众人面前承诺会做某事，那么他有 80% 的可能做这件事。此处的“众人面前”是说“至少告诉另外一个人”他肯定会做某件事。要是这个人把他的承诺与一个具体日期和时间联系在一起，承诺和一致原理就会特别强大。这条原理如此有效的原因似乎在于，我们内心深处都希望被别人看作可以合作和信赖的人。古时候的原始部落要想有效运转，部落成员就必须要能够彼此依靠。要是你对别人说你会做某事结果却没做，这可能导致你那毫无防卫能力的村庄遭到攻击，你的邻居家遭到洗劫，而你在受到攻击时身旁没有援手。

因此，在你离开办公室去参加任何一个销售会议之前，你必须能够清楚地说出你将使潜在客户采取的最低限度的“下一步”。你可能很幸运，在会议中发现自己能够和客户一起前进一大步；所以要做好准备。这个星球上没有人知道将来会发生什么。（有人曾说“我们人类唯一可以确定的事就是死亡和交税”。）

简单而言，“下一步”就是一种经过验证的方式，能够利用人类的心理来对销售过程进行最大程度的掌控。（这已经比大多数业余销售人员增加了80%的掌控力。）一个典型的“下一步”往往是这样的。

- “那么，下一步就是为你和你的团队详细介绍我们的产品，告诉你们这个产品将如何帮你们解决问题。我可以在下星期五10:15或星期一15:30来。哪个时间对你最合适？”（注意这里的日期和时间——是你提出的建议。别等客户提！）
- 或者：“你认为下一步怎么做最好？咱们应该先见CEO还是先见首席交易员，以便告诉他们咱们在讨论什么？”“我觉得先见CEO好。”客户说。你可以回答：“好，那咱们就只需要找个大家都能拿出20分钟的时间定下来。我下周每天下午或星期一、星期二上午都可以。我们能不能给他打个电话，问问他什么时间方便，然后准确时间就可以定下来了。”

- 或者："好，要是这个提案准确地反映了你需要的解决方案，那咱们确实需要让你的财务总监也参与进来了。要是我们能给他的私人助理打个电话，就能在他的日程中安排时间讨论这个提案了。我建议下星期三或者星期五。哪天更好？星期五吗？"
- 或者："那你明天会亲自去见技术经理……太好了！那么，我会约我们的调查团队星期五的时间，因为他们要在安装开始之前检查网站。你星期五什么时间方便，上午还是下午？"
- 或者："我什么时候把提案带来*和你一起看好？下星期四还是……再下星期二？"

所以，每一次……在和潜在客户每次会议的最后……要想把最终的搁置状态（那你现在希望怎么做呢，潜在客户先生？）变成"下一步"（这才是我们要做的），那你就要提出下一步的建议，并尽力为之确定一个经客户同意的日期和时间。你的潜在客户总是会同意你的建议吗？当然不是，但他们 80% 的时间会同意。你会发现，人们喜欢那些好像知道人生接下来该怎么做的人。你在提出下一步时一定要听上去充满自信！

* 永远不要把提案发给客户……你要亲自带过来，和潜在客户一起梳理一遍。

是的……最终会有一个时刻能“达成”销售

“签约”的时刻常常被看作销售最重要的时刻。很多经理人都希望销售实现时能在“现场”。他们认为那是他们的“时刻”，是能够体现出他们对销售过程的最大价值的时刻。（是他们因为在销售过程中出色的管理而获得其老板最多赞赏的时刻？打消这个念头吧！）是客户做出最终不可更改的决定，把钱花出去的时刻吗？应该说既“是”也“不是”。

在各种社交互动（商务和休闲）中，人们的确会在很早的时候就对别人下定论。在各种社交场合下思考如何对他人做出回应，是人类大脑每天最活跃的时刻。

研究显示，坐在酒吧中的一个女人在三秒内就能够判断出，刚刚推门进来的那个男人是不是一个“大哥式人物”（Alpha Male）。虽然为了确定此事而“搭讪”的过程可能会持续一段时间……但她内心深处对于“我是不是要跟他发展进一步关系？”的问题已经做出决定了。在商业中也是如此，客户在“签约”之前很久就已经下定决心了。

在兰克施乐公司（我销售生涯的起点），有人曾告诉我们，客户实际上在第一次与你开会时就已经决定是否会和你做生意了。而且是在第一次会议的开端部分……你从他办公室的门口走到他办公桌前的那 15 秒。

因此“达成”销售的确“很重要”，但是不比本书中的其他内容更重要。（实际上，如果我必须只选出一件事，让你这个新鲜出炉的专业说客能有所不同的话，那就是提问技巧，这就是为什么本书中有那么多关于提问的篇幅。）

如果你能鼓励客户详尽地表达他们所有的担忧、欲望、需求和顾虑，如果你能促使他们通过“下一步”及“再下一步”走向最终决策，如果你能展示你的提案并让所有应该参与的人都参与进来，那么现在很可能需要你来说点儿什么了。

当然，这时客户很可能会对你说：“好，咱们就干起来吧！我在哪儿签字？”但他们同样也可能不这么说。他们可能只是坐在那儿，心里对自己说：

> 所有基本的问题都讨论了吗？
> 对，我觉得都讨论了……但做这件事到底对不对？
> 我做的决定对吗？
>
> 这毕竟是一大笔钱……但另一方面，
> 什么都不做的代价更高。
>
> 可是从另一方面来说，我们到现在还
> 没有一个看上去不错的解决方案？
>
> 我不知道……也许……这个时候就需要你
> 行动起来了！你就是决策人。

要是军号吹出的音符听上去犹豫不决，谁还会投入战斗呢？

——匿名

你在本书中已经看到了，人们厌恶做出决定。

决定！在现代载客飞机驾驶舱里的人们就了解这一点，所以他们要求飞机上的乘务人员来做出决定。

在长时间低可见度航程中由“仪表导航着陆”到一个浓雾弥漫的机场时，驾驶员将专注驾驶飞机，副驾驶员则监控仪表。这些仪表会告诉驾驶员飞机离跑道中心线有多远，飞机飞得多快，飞机离地面多高，以及飞机离跑道入口多远。飞行员从驾驶舱窗口可能什么都看不到……只有白茫茫的迷雾。他们要集中精力使着陆仪表上的两个十字准线（中心线和下滑线）在仪表盘中间稳稳地交叉。

为了协助驾驶员，副驾驶员要不停地大声读出其他仪表上的读数。当副驾驶员达到最近一个可能的“最小决策”点（离地几百英尺，距离跑道的长度等）时，他会告诉驾驶员：“你在中心线上了……180 节……跑道上方 500 英尺，离入口 2 000 英尺*……决定吧！”

* 1 英尺子 =0.304 8 米。——译者注

驾驶员不能说“呃……我不知道”，他只有两个规定的回答可以选：“着陆”或者“放弃”。

根据那个决定，就要马上采取一套不同的程序。如果是“着陆”，驾驶员和副驾驶就要做着陆前的最后检查，相信跑道上的指示灯会很快亮起来！无论如何他们都要着陆了！但如果是“放弃”，飞机就要马上开足马力，机头朝上爬升巡回飞行，重新排队并准备尝试着陆。

没有飞行员会因为“绕圈”而受到指责。

但销售并非如此黑白分明。

你无法在自己“漫长缓慢的接近”后对你的客户说“决定吧！”但要是你此时不做点儿什么的话，就会无功而返——我曾见过很多优秀的销售人员的努力化为乌有。而你此时是可以更容易为他做出决定的。为此有很多无伤大雅的签约技巧，既不会让你的潜在客户感到你“咄咄逼人”，同时又能异常有效地影响其决策。

第一个技巧叫作备选签约法（alternative close）。

备选签约法

人脑有一个奇怪的小特点：如果你几乎在任何情况下都能提供两个方案供其选择的话，它往往会选择其中之一。

比如，在一家鞋店，一个训练有素的店员一次只会在你面前拿出两双鞋。要是拿出的鞋多于两双，客户往往就会感到困惑："嗯……我不知道买哪一双！"另一方面，如果只拿出一双鞋，客户往往会说："哞……我想我得去旁边那家店看看那儿有什么。谢谢你！"如果面前有两双鞋可以"备选"，店员就只要说："女士，这两双你穿都挺好。你更喜欢哪一双，棕色的还是黑色的？"所有能找到的研究都显示，如果店员提出这样的问题，在80%的情况下客户会买其中的一双。幸运的话，你甚至可能卖出两双鞋（10%的概率）！或者你可能会听到"我去旁边那家店看看"（也有大约10%的概率）。

采用"备选签约法"会让客户感到他们有所选择，因而不是被迫购买。是他们自己做出的最终决定，所以……没有争议……就做出了一个理性的选择。这似乎总能让人忽视其实并没有真正的是或否的选择——两个选择其实都是是的意思。

那么就看看你的产品或服务吧。你能提供什么样的备选方案呢？

- 是签一年合同还是签两年？
- 是大型挖掘机还是小型的？
- 是等离子平板显示器还是液晶平板显示器？
- 是整个正面都修复还是只修复上部？

- 是用增塑饰面印刷还是亚光饰面印刷?
- 是到期付款还是六个月预付合约?
- 你想怎么付款……现金还是刷卡?

小处签约法

与备选签约法效果相似的是小处签约法（minor point close）。如果你销售的是高价值的产品，那么这就是一个特别有效的工具。没有客户（包括我）喜欢这种感觉：自己要做出一个需要花很多钱的决定，比如购买一所房子或一辆车。我们会拖延，甚至会陷入“明日复明日”模式（明天再说也行）。来人帮帮我吧……告诉我怎么办……让决定容易些。

销售高价值产品和服务的专业销售人员清楚这点，所以他们会让决定变得容易……并让作为客户的你感到是你“自己”做出了决定。他们让你做出一个替代选择，但是在一个很小的点上。他们会说：

- “好，其实就这么简单……你喜欢红色的还是银色的？”（这可是一辆捷豹轿车……零售价达 90 000 美元）选什么颜色？一个小决定而已。
- “你可以在飞机上装五个座椅，行李空间更大，或者装六个座椅和一个桌子。你觉得哪种方案对你最合适？你以后可能很快要改变内部摆设？那你想让我们先按照哪种方式装配？”［这可是一架帕特纳维亚（Partenavia）双引擎飞机……零售价达 70 万美元］选择座椅数量？也不过是一个小决定而已。

- “好，我来总结一下：这个交易厅信息系统会为 500 个交易席位提供实时的外汇汇率证券信息和新闻，签两年合约。现在唯一需要解决的问题是，你希望在我们的培训学校安排培训，还是希望我们的培训师到你这儿来？两种方式都没有额外费用。”（这是一套完整的信息交易系统，一签就是两年的合同。发放给 500 个座席使用，每个月要花 50 万美元）在这儿培训还是在那儿？同样是一个小决定。

小处签约法不是唯一的替代方式，有时适用的是“连续假设签约法”（continuous assumptive close）。

连续假设签约法 *

有时你正在和决策者闲聊，忽然就有一种感觉，你可能不需

* 请别说这不管用。2007 年在伦敦我还用这种方法击败了两个全国性的竞争对手，为我的公司拿到了一份为期一年的培训合同！

要书面的提案了。（也许，你可以跳过计划中的下一步？你能不能跳过三个下一步？）对方说话时的某种方式透露出他很想买。这时你可以采用连续假设签约法，看看会怎么样。

我想想……把你的措辞变成一种“假设”的口气。不是“如果你采用我们的培训项目”，而是“当你采用我们的培训项目时”。不是“你可能看到你的团队的谈判技能大大提升”，而是“一旦你的员工参加了这个培训，他们就会发现自己的谈判技能大大提升了”。然后在最后提出一个简单的问题，“那我回去以后就给你整理一本工作手册，然后咱们就开始。我记得你说过一月第一个星期对你应该是最合适的时间，那时我们也可以。我很期待跟你一起做这件事。”

有时你会发现自己遇到前的是一个真正的街头霸王，尤其是当你的主要联系人已经把你引见给了公司创始人兼CEO，以获得他们的“最终许可”时。他们已经见过各种各样的提案，他们想让你（所谓的销售员先生）知道，他们才是这儿的大人物，他们只想要他们想要的！

祝贺你！你面对的正是典型的“驱动者”人格……坚定自信，咄咄逼人，还有点儿令人生畏。作为例证，请参见知名公众人物艾伦·休格［Alan Sugar，阿姆斯特拉德（Amstrad）公司CEO］，唐纳德·特朗普（Donald Trump，美国总统、地产大亨），约翰·普雷斯科特（John Prescott，英国工党议员），以及已故的金勋爵（Lord King，英国航空公司前总经理）。

在这种情况下，不管你做什么，他们都想要别的：你说“黑”，他们就会说“白”；你说“大”，他们就会说“小”。如此等等，一直持续下去。这些“驱动者”最伟大的地方在于他们做决定很快。你不需要用到小处签约法，因为他们很熟悉如何掌控和处理巨额资金的使用。他们对这种方法已司空见惯！而且，他们要做的是尽力“打倒你”，因为他们是专业耍手段的人，而且……好吧……那就是他们的工作。

因此在这种情况下，你的策略很简单，那就是“对比签约法”（contrast close）。

对比签约法

这种“签约法”在零售中很常见，你要做的无非就是使它适用于你自己的销售领域。说明这种签约法最好的方法就是举例子。假设你在添置冬装，你迫切地需要两件衣物：一件“过冬的大衣”和一件“毛衣”。在你逛一家大商场的服装区时，售货员走过来了。“早上好……需要我帮忙吗？”“对，谢谢。我想买一件大衣和一件羊毛衫。”

现在问题来了……售货员（如果是训练有素的）会先向你推销哪件衣物呢？你是否认为是“大衣”？好，这没什么难的。他们当然会先向你推销价格高的东西。

但是他们这么做还有另一个理由。如果他们能够卖给你一件价格比较高的大衣，那他们额外再卖给你一件高价产品就会相对容易。原因在于，要是你已经花了比如说 190 欧元（大约 380 美元）买大衣，你就会更愿意花 85 欧元（大约 160 美元）高价买一件毛衣。这是因为已经花了那么多钱买大衣，再买一件价格相对较低的毛衣（即使它本身实际上相当贵）会让你在心理上更容易接受一些。

鞋店也常常这么做。如果你买一双 120 欧元（大约 210 美元）的鞋，那么你去收银台付钱时他们会怎么说？“再买点儿黑鞋油给你今天买的新鞋用吧？”“行，”你说，（你想到今天早上用的那管鞋油已经用完了。）“好主意。放一罐在包里……不错……谢谢。”你递上了你的信用卡……然后在支付凭据上签字或输入密码。你没注意到现在总价是 124 欧元了（217 美元）。你刚刚付了你家附近超市双倍的价钱——或者更多——来买一罐普通的鞋油。但是比起你刚刚支付的一大笔买鞋的钱……好吧……鞋油的价格就“微不足道”了。

能影响决策的事很奇怪，而且总是相对的。假设你在附近的文具店看到某种电子计算器卖 20 欧元，但有块牌子上写着明天——由于是银行假日——全店都特别打“七五折”。要是你等一天再买，就可以只花 15 欧元买到同款的电子计算器！（省了 5 欧元！）你会离开，明天一早再来吗……80% 的人会这么做……干吗要多花钱呢？

换个场景：要是你需要一台新的个人电脑呢？你想要的电脑卖 300 欧元（大约 600 美元），但有块牌子上写着因为明天是银行假日，全店商品都减价 5 欧元（大约 9 美元）。那你是会现在就买电脑还是明天再来……80% 的人不会为一台昂贵的电脑节省那么点儿钱。可是……在两种情况下，能省下来的钱数是一样的！

区别就在顾客对于比较相对性（comparative relativity）的感知。（这个词是我编的，但你明白我要表达什么意思。）

所以当你面对一个“驱动者”时，你完全可以使用同样的方法。他会（粗声大气地）问你所有这些要花他多少钱……即使你已经跟他的员工讲过二十遍了。你一定要充满自信地说出一个你最疯狂的梦里能想象到的巨额订单数，比如“给你所有 100 位交易员提供这个服务两年总共要花 100 万美元”，或者“要买所有这 12 辆卡车的总价是 24 万欧元”，或者“要为你在接下来的两年中举办 5 场为期 20 天的谈判培训项目，一共需要 70 万欧元”。

在以上任何一种情况中，你在第一次见到“驱动者”（20 分钟前）之前谈到的生意都比刚刚对他说的数额要小得多。一开始只有 50 个交易员会使用这项服务，在最早的提案中只有 8 辆卡车，目前初定的谈判培训项目只有 3 场。

“什么？！”驱动者会说。“这笔钱也太多了！不行……不

行……不行，我们得从一个比这低得多的价格着手！”“我们一开始只有 60 个交易员需要使用你们的系统！”“我们只需要 9 辆这种卡车……旧卡车里至少有 3 辆还能用！”“不，我认为我们不用现在就定下 5 场培训项目，我们先做 3 场，看看情况！”

然后驱动者和你握手，送你出门。（他想，这回他们知道谁是领导了。对……他们带着好主意来这儿……可能产品也不错……但是我打败他们了……这感觉真好。我赢了！）他并没有意识到，你（曾经是个业余销售人员）此时正站在他办公区的一个角落里，和你的专业销售同事（现在是两个专业销售人员并肩而立了）热烈地握着彼此的手。交易达成了！一次经典的“对比式销售”。

在和驱动者打交道时，他们往往想要“打败你”。驱动者从来不会“抬举你”（按照褒义来理解）。别说什么“驱动者先生，我觉得我们得让你了解我们有多棒，我建议我们先安装一个（你在卖的东西），然后看看效果如何”。如果你这么说，驱动者先生就会要求“免费试用”……我敢保证。

永远不要在驱动者面前降低价格，因为你最后肯定得降更多！

偶尔（的确会发生），你会遇到人生中的震惊时刻，就是一位驱动者对你的“对比签约法”如此回应：“什么？……太贵了……这些东西是镀金的吗？（长时间沉默）但我想我们需要这个……行，我们就买所有 100 件……但你可不能让我们失望，不然我就让你吃不了兜着走！”你在这种时刻的反应就要“装酷”。虽然你刚刚拿到了一笔巨额订单，但你必须表现得好像你每天都是如此。你一定不要显得“垂涎三尺”或“赚了大钱”。你只要微笑着说“谢谢”……让他在合同上签字，跟他握手，然后走出他的办公室。走出他的办公大楼和视野范围，走过街角……现在尽情欢呼吧！

有很多方式可以“达成”一笔销售，但是为了给这本小书增加亮点，我要向你介绍（所谓的）温斯顿·丘吉尔评估表（Winston Churchill Balance Sheet）。在美国，人们把同样的签约方法称为本·富兰克林评估表（Ben Franklin Balance Sheet）。它们是完全一样的。这两个名词都是指杰出人士在重大时刻做出决策的方法。无论他们最终是否做出了决策……谁知道呢。

温斯顿·丘吉尔评估表

你的潜在客户总会有犹豫不决的时刻。很明显有很多事情让他们焦虑，以致无法做出决定。你要是不小心处理，就会陷入一种长期的、没完没了的“我们很快告诉你结果”的怪圈。你需要的是一些比较轻松……但是有效的方法。

那就伸手进你的公文包，掏出一张白纸来并跟对方说：“显然还有好几件事仍让你担心。你介意我记下这几件事好了解整个情况吗？（不必等他回答。把那张纸‘竖着’放在你面前，然后在纸中间从上往下划一道线。在左栏顶部画个‘+’号，在右栏顶部画个‘-’号。然后继续说……）所以在积极的方面，你喜欢（现在在左边写下所有客户在调查或提问阶段对你说的，他们喜欢你的产品的各个方面……用他们说的话来写）合约的灵活性；你说的别的供应商不会为你做的定制模块；我们会为你所在地准备全套的备件，随时可以发货；可选择240伏或110伏电源，以便你在美国使用设备；前五年免费的综合保险……还有安装滚轮方便四处移动。在另外这个方面……你还有不确定的事吗？”（不要说话，也别催……等客户说。）

他们可能说：“嗯，你的产品没有我们习惯用的纸质过滤器……还有什么？对了，你们在新加坡没有固定办事处……只有一个当地代理商……这个有点儿问题。”（让他们在你纸上的右栏那个“-”号下面写上这两件事，如表7-1所示。）

表7-1 温斯顿·丘吉尔评估表

+（加分项）	-（减分项）
合约的灵活性 量身定制的模块 当地准备整套的配件 240伏或110伏电压可选 前五年免费的综合保险 安装可移动滚轮	在新加坡只有代理商，没有办事处 没有纸质过滤器

你通常会发现，潜在客户很少能够写出足够多的负面意见，

来和你在左栏列出的所有双方都认可的“效益和优势”进行对比。当然，这些“积极的”意见都是你在销售过程中从之前的提问和调查阶段提炼出来的，这就是为什么“提问”而不是“告知”在销售中更重要的原因。客户面对一份纸上写出来的“文本”（证据），而且都是用他们自己的话表达出来的，这是让人很难抗拒的。当然，这可能会有那么几个缺点……但在评估表上的六个“效益”确实比“缺点”有价值得多。

还有一个对温斯顿·丘吉尔评估表上展示的支持性论据提供额外“助力”的方式，即让你的潜在客户能够对每一项好处或缺点进行“权衡”，比如在左右两栏都用1~10来打分。因此潜在客户可能对列出的项目说这样的话：“好，我给第一项效益打‘正4分’，第二项‘正5分’，第三项‘正5分’，第四项‘正4分’，第五项‘正9分’，最后一项‘正3分’……一共是30分。在另一栏，纸质过滤器的问题是‘负5分’，新加坡问题是‘负10分’……那就是负15分！”

然后你可以说：“那么这些分数已经自我证明了……给你带来的好处大于负面影响。现在的问题就在于你是决定选择五年期的合约还是三年期的合约了……”

如果你真的想赢得这场销售游戏，现在你一定要注意最后一件事：保持缄默——这在意大利黑帮（黑手党）内部是个行为准则。这就是沉默法则。你要学会什么也不说。

沉默法则

你知道这是什么意思。这就好比你和你的伴侣（丈夫、男朋友、妻子、女朋友）决心要大吵一架。现在已经到了一个争吵特别激烈的阶段，你们双方已经都不跟对方说话了！实际上，你已经下定决心余生都不再跟对方讲话了，“只要你们都活着”……永远……永远！

沉默时期

那么，现在你进入了这种自己设定的“静默期”。有一条黄金法则，在任何两性关系的书里都没有记载，也从来没在任何表格中以书面或口头方式定义过，在古谚中没有标记过，但人人都知道，却没人说起。我们都知道的“沉默”意味着什么？

那就是：谁先开口谁就输了！

销售中也是如此。我认为销售的黄金法则之一应该是：永远不要错过闭嘴的好机会！

当你努力想要说服另一个人时，沉默就像一句神奇的咒语。当客户安静下来时，你也什么都不要说。保持沉默多长时间都没关系。

要是你刚刚敲定了“下一步”或已经“签约”，这时客户什么也没说，那你也要把嘴闭上，否则你就会打破这个咒语。沉默非常具有说服力，因为人们，尤其是西方人（在日本或中国，礼貌性的静默是文化的一部分）无法忍受沉默，会想办法打破沉默……哪怕那意味着得签你的合同。

如果你说些傻话来打破沉默，比如“一切都好吗，潜在客户先生？”或者“潜在客户先生，还有什么问题你需要想一想吗？”或者（更糟糕的）“你话不多啊，潜在客户先生”……你这是在自毁财路。

所以记住：谁先开口谁就输了。

结　语

在和客户进行每次会议之前，你必须明确在这次会议上你要实现的“下一步”是什么。

最后，你必须学会在销售过程的最终阶段理解并使用一些经过验证的“签约”技巧。尤其是“备选签约法”，其原理是基于人类大脑在面临一个问题的两个备选解决方案时，会积极地响应并选择其一。还有“对比签约法”，这个方法鼓励你在可能的时机要勇于提出巨额交易。这个方法的原理是在商业中，大多数客户会设法打击你，他们偶尔会接受你的提议，签一笔大单——但要是你一开始提出的金额就很低，他们可不会帮你抬高！

第八章

普遍适用的销售信件

我开始写作本书内容是在2007年11月。我本来要在上一章结束全部内容的，但随后发生的一件事改变了我最初的这个决定。我收到了一封销售信件，它来自一家房产经纪公司，想要帮我销售我在伦敦的公寓（如果我想卖的话）。因为那封信写得太糟糕了，而且问题非常典型（作为销售工具绝对一点儿用也没有），所以我决定增加一章关于撰写销售信件的内容。我发现，要是没有这部分，对那些想要卖出东西的非销售出身的管理者来说，你手中的这本书就不是一部完整的工具书。所以，幸好我收到了这封信。

这里的问题似乎在于，大多数非专业销售人员相信，客户或潜在客户本来就想要了解他们的业务，他们在这行做了多长时间以及目前的业务情况。他们常常用销售信件来介绍自己，主要是因为他们不敢打电话。你不妨读读我另一本书《销售技巧②》（*Cold Calling for Chickens*），它讲到了电话销售。不过一封精心撰写的销售信件仍然不失为一块很好的敲门砖。

大部分销售信件写得都不怎么样。而更糟糕的是，大多数业余销售人员写的销售信件实际上起到了“反作用”。发信人花了邮费不远万里地把废纸寄到了垃圾桶里，还不如从他们的办公桌直接扔到垃圾桶里呢。

即使像《读者文摘》(*Readers Digest*)和出版商信息中心(Publisher Clearing House)这样知道如何撰写销售信件的公司，它们也只获得了很小的回报。回报率也就是至多1%~2%，而且这说明客户只打开了信封。(实际上，要想让读者对信的内容做出行动完全是另外一回事！)而且，那些专业的直邮公司会发出上百万的信件——咱们要面对现实——你并没有发出那么多。(你的一次“信件行动”恐怕最多也就是5 000封吧！)而写出下面这封我抄录的信件的人，很明显需要读读本书。(信件中只有人名被修改了，以保护无辜！)

亲爱的业主：

“xxx-yyy”是一家全国性的房产经纪公司，成立于1910年。我们可以说是英格兰最出名的五家房产经纪公司之一。最近我们和苏格兰的“zzz”房产经纪公司建立了伙伴关系，因此我们的办公网络现在实际上已经扩展到了英国的每个角落。我们自从1924年第一家伦敦办公室在Aaa街14号(该办公室一直营业到第二次世界大战，被毁于德军大轰炸）开张，就活跃在梅费尔区，因此我们对您这个区域的了解是无人可比的。如今我们在城市商务区的中心地带拥有八家“xxx-yyy”门店以及四家 Ccc 公司门店（我们的关联公司），真正覆盖了伦敦中心区的所有高档住宅市场。

我们很高兴地宣布，一家位于“Ddd 街 17 号（020 7xx xxxx）”全新的且专注于 W1 的销售部即将开业，与我们目前正在成功运行的租赁部及商业和乡村房屋部相辅相成。

新成立的部门由“无敌销售员詹姆斯”（James Salesman-Palesman）带领，他在伦敦中心区市场具有25年左右的经验。他将很乐意为你提供在伦敦西区买卖住宅物业方面的任何建议，并能够提供免费评估，无须签约。在如今充满不确定性的“动荡”时期，你能得到经历过市场繁荣和低迷期的经验丰富的专业人士的建议，比以往更为重要。配合“詹姆斯”工作的还有“红树林歌唱家皮特”（Peter Throatwarbler-Mangrove）和“斯曼德鲁的安德鲁”（Andrew Smandrew）。此外，我们还有一支由皇家特许测量员协会会员“克利索普斯的汤姆”（Tom Cleethorpes）带领的团队，他们能够提供关于租赁产权授予各方面的建议。

为庆祝我们的梅费尔销售部开业，我们很高兴地宣布，对于任何在 2008 年 1 月 30 日前做出的委托，如果指定我们为独家代理最少达到八个星期，我们将把收取的佣金减少为售价加增值税的 1%。

期待您的回复。请不要犹豫，随时来访我们的门店，喝杯咖啡，聊聊天。

致以诚挚的问候

“无敌销售员詹姆斯”，“xxx-yyy 公司”

4 999 封这样的信同时被扔进伦敦西区的垃圾箱的声音将会震耳欲聋。所以咱们一起来仔细研究我的“这封”没被扔进垃圾箱的信（5 000 封中的一封），并且试着重写一下吧。我们做这件事时，要牢记广告公司撰写文案时遵循的基本原则：AIDA，即注意（attention）、兴趣（interest）、期待（desire）、行动（action）。

亲爱的业主：（A）

（B）“xxx-yyy 公司”是一家全国性的房产经纪公司，成立于 1910 年。（C）我们可以说是英格兰最出名的五家房产经纪公司之一。最近我们和苏格兰的“zzz”房产经纪公司建立了伙伴关系，因此我们的办公网络现在实际上已经扩展到了英国的每个角落。（D）我们自从 1924 年第一家伦敦办公室在 Aaa 街 14 号（该办公室一直营业到第二次世界大战，被毁于德军大轰炸）开张，就活跃在梅费尔区（E），因此我们对您这个区域的了解是无人可比的。如今我们在城市商务区的中心地带拥有八家“xxx-yyy”门店以及四家 Ccc 公司门店（我们的关联公司），真正覆盖了伦敦中心区的所有高档住宅市场。

（A）如果你希望一位潜在客户对你的信做出回应，那么你必须在一开始写上他的名字。一个人的名字是他最重要的所有物，所以，要想抓住他的注意力，你必须在开头写上他的名字。“亲爱的业主”就和“亲爱的先生或女士”“亲爱的总经理”或任何类型的统称式开头一样，你是在自找你的信被“抛弃”的命运。我不是芸芸大众中的一员！我不想要感觉自己只是你群发邮件中的一分子！

（B）这封信的第一段对任何读者来说都太冗长了。虽然只有五句话，但都是什么样的五句话啊。人们并不愚蠢，但人们往往既懒且忙——没人在信箱前等着你写来的信。退一步讲，要是你以为你的读者会费劲读这开场的 200 多字，你就太乐观了。

（C）（你的读者）并不关心你的情况，你们是谁或者你们公司什么时候成立的——反正我对这些不感兴趣。我从开头几句话里需要得到的是一种你（作为写信者）对我（你的读者）有所了解的感觉。这个世界上最有说服力的词就是“你”，而在开头这段并没有出现一次这个词。

（D）第一段字数最多的一句话超过了 40 个字。和段落一样，句子也应该尽量简短，二十来个字就够了，3~5 个短句子组成一段。你可以把每个句子和段落都想成当地报纸上的“分类广告”。你用的每个词必须像罗马奴隶求生那么拼命。

（E）这里还在说你们的历史！第二次世界大战半个多世纪前就结束了，我真的不在意 1942 年的梅费尔和“德军大轰炸”。在城里的这个区域至少有 8 家很早建立的房产经纪公司，也有一些非常优秀的后起之秀，可能只开张了 5 年或更短的时间。这一整段说的都是特性。只能看出一个优势（在第三句最后），但没人会看到，因为 99.99% 的读者一看到“亲爱的业主”就会把这封信扔进垃圾桶。

（F）我们很高兴地宣布，一家位于“Ddd 街 17 号（020 7xx xxxx）”全新的且专注于 W1 的销售部即将开业，与我们目前正在成功运行的租赁部及商业和乡村房屋部相辅相成。

（F）新成立的部门由“无敌销售员詹姆斯”带领，他在伦敦中心区市场具有 25 年左右的经验。他将很乐意为你提供在伦敦西区买卖住宅物业方面的任何建议，并能够提供免费评估，无须签约。在如今充满不确定性的“动荡”时期，你能得到经历过市场繁荣和低迷期的经验丰富的专业人士的建议，比以往更为重要。配合“詹姆斯”工作的还有“红树林歌唱家皮特”和“斯曼德鲁的安德鲁”。此外，我们还有一支有皇家特许测量员协会会员“克利索普斯的汤姆”带领的团队，他们能够提供关于租赁产权授予各方面的建议。（H）

（F）无论如何，到这儿我都读不下去了，但我一定得提提这一句。“我们很高兴地宣布”是业余销售人员写销售信件的典型用语，因为写信的人不理解其他人并不在乎他和他“成功的”业务。实际上，也没有人在乎你和你的董事会对在“伦敦 W1”新开了一家赚钱机器有多“高兴”。这种说法应该被法律规定禁止出现在世界上所有行业、所有公司的“促销”文案中。客户和潜在客户只关心他们自己和他们的问题……仅此而已。

（G）这段里有好多名字，他们都是我（作为读者）不认识的人，他们做什么我也不知道。这封信的签名已经不经意间告诉了我，这就是一封群发的、陈词滥调的信件，还说什么“新成立的部门由‘无敌销售员詹姆斯’带领”。当然，如果这是所谓的詹姆斯写给一位他将对其业务确实有价值的客户的私人信件，他可以说“这个新部门是我领头的”。这一段中的三句话也都很长，但一点儿用也没有，因为我早就不往下读了。

（H）用词一定要简单！“租赁产权授予”，什么鬼？你不是来让读者佩服你对行业术语或很长的法律词汇知识储备丰富的。我在买我伦敦的“租赁产权”公寓时，一次也没听过或用过“授予”这个词。你的读者不傻，但是他们很懒，所以用词要简单。

> （I）为庆祝我们的梅费尔销售部开业，我们很高兴地宣布，对于任何在 2008 年 1 月 30 日前做出的委托，如果指定我们为独家代理最少达到八个星期，我们将把收取的佣金减少为售价加增值税的 1%。
>
> 期待您的回复。请不要犹豫，随时来访我们的门店，喝杯咖啡，聊聊天。

（I）好吧，这个业余销售人员写的销售信件还是有希望的：他确实在结尾用上了 AIDA 原则中的促使行动这条。虽然这条比较复杂，还有附加条款，但有个时间期限（2018 年 1 月 30 日），根据影响力的稀缺原理，这对大多数读者来说是一个影响因素。

这里我想说的是另一个业余销售人员最喜欢用的说法"不要犹豫"（"不要犹豫随时给我打电话""不要犹豫随时来访""不要犹豫接起电话"），不幸的是，人类的大脑（根据心理学家所说）无法持有一个负面的想法。如果我现在对你说："不要想一只粉色的大象！"马上进入你脑海的是什么？粉色大象。对不对？

同样的方式，如果你告诉我不要"犹豫"，我的大脑没听到"不要"，只听到了"犹豫"。所以我现在已经设定了不给你打电话。

致以诚挚的问候

"无敌销售员詹姆斯"，"xxx-yyy 公司"

（J）?

（J）这封信最重要的部分完全没有出现，没有"附言"（P.S.）。你去读一读任何成功的、专业的销售信件，你会在 95% 的信上看到，最靠近页脚的地方都有一个"附言"。这样做的原因在于，如果这封信显然是一家公司寄来的，页脚会是大多数人最先看的地方。人的眼睛往往会先看纸的底部。由于这个原因，专业销售人员会把他们最吸引人且最重要的好处，以及号召行动的内容……放在签名之后。

那么咱们就试试帮无敌销售员詹姆斯先生重写他的信吧。记住，我们需要逐渐给读者一些压力。一开始我们必须获得注意，接着创造兴趣，之后引起期待，然后号召行动。

带信头的信纸

罗伯特·埃瑟林顿先生

阿尔德堡住宅 6 号公寓

阿尔德堡巷

伦敦 W1U 1BT

2007 年 12 月 25 日

亲爱的埃瑟林顿先生：

要想卖出您的房屋或公寓并不容易，而想找到一家您可以信赖的房地产经纪公司就更难了，尤其是在这个艰难的时期。你需要所有能够得到的帮助，也需要一个能够给出最好价钱并能很快付清全款的买家。

为此我们在梅费尔新开了一家门店。从您的住处走路两分钟就能到达，店内配备了一支专业销售团队。他们被公认为伦敦西区的最佳团队，通常只花 6 周或更短的时间就能销售出大部分房产。您的房产和位置对我们的很多买家都非常合适。

我们还将迅速为您在英国的任何地方找到下一个住处。我们遍布全国的门店网络以及合作伙伴可以随时为您服务。无论您购买永久产权还是租赁产权房产，他们都会妥善为您安排交易的各个步骤。

如需查询我们的资质，请您来电。我们可以为您提供一些近期的客户名单供您联系，他们都住在梅费尔离您住所 1/4 英里（约合 403 米）的区域内。一旦您的销售完成，我们将很荣幸得到您的允许把您加入满意客户名单。请拨打 0800 xxx xxxx 获取免费资料，打消您对房产销售的顾虑。

你最忠诚的，

无敌销售员詹姆斯

合伙人

附言：限时特惠！ 2008 年 1 月 30 日之前致电我们，您就可获得仅售价 1% 的佣金优惠。现在就拨打我们的免费电话 0800 xxx xxx。

这样好多了……尽管这封销售信可能还不完美，但已经改进了。让我告诉你这封信为什么更有效：

罗伯特·埃瑟林顿先生

阿尔德堡住宅 6 号公寓

阿尔德堡巷

伦敦 W1U 1BT

2007 年 12 月 25 日

亲爱的埃瑟林顿先生：（A）

（B）要想卖出您的房屋或公寓并不容易，（C）而想找到一家您可以信赖的房地产经纪公司就更难了，尤其是在这个艰难的时期。你需要所有能够得到的帮助，也需要一个能够给出最好价钱并能很快付清全款的买家。（D）

（A）这是一封私人信件。用上了我的名字而且写对了！（注意：写对客户的名字有助于这封信不会在还没被打开时就被扔进垃圾桶里。）

（B）一开头就引起“共鸣”，一句和人人都能联系起来的话会让读者感到写信人了解他的感受。

（C）信里没有“几十个字的句子”，大多数时间，我使每个句子的字数不超过或尽量接近二十个字。

（D）现在就对这封销售信件做出行动的“次优”理由在第一段就出现了。而最重要的“现在就行动”的好处在信的后面还有。

（E和F）为此我们在梅费尔新开了一家门店。从您的住处走路两分钟就能到达，店内配备了一支专业销售团队。他们被公认为伦敦西区的最佳团队，通常只花6周或更短的时间就能销售出大部分房产。您的房产和位置对我们的很多买家都非常合适。

（E）请注意每一段文字都错落有致，这样的布局让这封信在读者看来有趣得多。

（F）还请注意，每段都比较短（3～5个句子一段），行间距较大，铺陈到整封信。这样方便（懒惰或忙碌的人）快速阅读。

（G）段落间充满了优势和效益。对忙碌的读者来说，我们是谁以及历史多悠久毫无意义。我们确实能解决常见问题是目前读者唯一感兴趣的事。

（H）我们还将迅速为您在英国的任何地方找到下一个住处。我们遍布全国的门店网络以及合作伙伴可以随时为您服务。无论您购买永久产权还是租赁产权房产，他们都会妥善为您安排交易的各个步骤。

（I）如需查询我们的资质，请您来电。我们可以为您提供一些近期的客户名单供您联系，他们都住在梅费尔离您住所 1/4 英里的区域内。一旦您的销售完成，我们将很荣幸得到您的允许把您加入满意客户名单。请拨打 0800 xxx xxxx 获取免费资料，打消您对房产销售的顾虑。（J）

（H）现在我们在创造期待。我们不但说了我们在当地能做什么，而且还显示了我们能解决的其他房屋购买问题。

（I）不仅如此，我们还提供证据说明我们非常了解当地以及眼下的情况。我们还通过其他满意客户的口碑提供了进一步的证据，说明这都是真的！

（J）要是这些还不够的话，我们还提供了一些“免费”服务。“免费”这个词在销售中是最具有说服力的词，你要能用就用。这封信中哪里都没有“犹豫”这个词。号召读者行动吧……现在就做。告诉读者该做什么，并提醒他们为什么必须做：“打消您对销售的顾虑。”

你最忠诚的，

无敌销售员詹姆斯

合伙人

（K）附言：限时特惠！（L）2008 年 1 月 30 日之前致电我们，您就可获得仅售价 1% 的佣金优惠。现在就拨打我们的免费电话 0800 xxx xxx。（M）

（K）这里有“附言”！在“附言”里，提到了整封信中主要的立刻行动的好处。“附言”的位置是大多数人一打开信首先会看的地方。你已经抓住了他们的注意力。如果你现在行动，我们会提供很大优惠！我们会收一半的佣金为你卖出房产！

（L）限时特惠还具有“稀缺性”（截止日期：星期五），而稀缺性是最能说服人的特性之一。

而且，不仅如此……（M）打这个电话也是“免费”的。要是你为读者回应提供了一个免费的电话号码，你接到电话的可能性就大了 7 倍。

因此，根据 AIDA 理念，你的信件：

- 通过把“免费”信息和你能提供的“最大”好处放在信件末

尾必备的“附言”中，你获得了注意（A）。

- 通过显示你了解特定业主所处的状况……承认他们的感受，你创造了兴趣（I）。通过在第二段和第三段显示出你对本地市场（很）熟悉，又加强了这种兴趣。你还点明了全套服务的优势和效益（解决方案）。信里没有提到单独的“特性”。特性会让客户想到“费用”。
- 然后在第四段你制造了期待（D）。你通过提供证据证明你能做到承诺的事，实现了这一点。你还能免费（世界上最有说服力的词）提供更多信息。
- 在为你的解决方案制造了期待后，你又给读者展示了怎样满足这份期待。你告诉了他们如何采取行动（A）……现在就做。

你要确保整封信布局合理，并且是个人化的，即所有的内容都印在纸的一面上。段落错落有致，整体风格轻松简洁，没有很难的词，没有很长的句子，也没有很长的段落。

就是这样……这就是如何拟定一封简明的销售信件。关于通常的信件书写我还可以写上很多内容，但目前而言这些对你来说就足够了。大部分销售信件都可以作为敲门砖，达到如图 8–1 所示的效果。但无论你把信写得多好，如果没有后续的销售电话，你和客户能交流上的机会不会比 0.05% 多多少……这就是现实。

无敌销售员詹姆斯先生最初的信件得到的结果比这还得差得多。

图 8-1 作为敲门砖的销售信件应达到的效果

现在你已经学到了如何像销售大神那样去销售的所有方法。

你的同事会非常佩服你，你的销售团队成员会极为赞赏你。不仅如此，你的客户还会从你这儿买更多东西。还有什么能比这更好呢？

祝你销售顺利！